U0625325

东北地区区域经济韧性研究

Study on Regional Economic Resilience in Northeast China

张　振／著

吉林大学出版社

·长春·

图书在版编目（CIP）数据

东北地区区域经济韧性研究 / 张振著. —— 长春：
吉林大学出版社, 2022.8
ISBN 978-7-5768-0207-8

Ⅰ. ①东… Ⅱ. ①张… Ⅲ. ①区域经济发展 – 研究 –
东北地区 Ⅳ. ①F127.3

中国版本图书馆CIP数据核字(2022)第143603号

书　　名：东北地区区域经济韧性研究
DONGBEI DIQU QUYU JINGJI RENXING YANJIU

作　　者：张　振
策划编辑：黄国彬
责任编辑：马宁徽
责任校对：刘守秀
装帧设计：刘　丹
出版发行：吉林大学出版社
社　　址：长春市人民大街4059号
邮政编码：130021
发行电话：0431–89580028/29/21
网　　址：http://www.jlup.com.cn
电子邮箱：jldxcbs@sina.com
印　　刷：永清县晔盛亚胶印有限公司
开　　本：787mm×1092mm　1/16
印　　张：11
字　　数：180千字
版　　次：2023年5月　第1版
印　　次：2023年5月　第1次
书　　号：ISBN 978-7-5768-0207-8
定　　价：68.00元

前　言

区域经济韧性的提出，是应近年来区域经济在金融危机、产业革命等外部因素冲击下不断出现的经济运行模式调整的需要而产生的。当前区域经济的发展遇到的各种冲击或扰动：自然灾害的侵袭、资源能源的耗尽、周期性的经济衰退及金融危机等都可能使区域经济陷入困境。区域经济遭受外部冲击后，有的区域能够成功复苏，重新实现经济稳步增长，有的区域却从此锁定于经济下行轨道，难以摆脱。一个区域经济如果具有较好的韧性，则不仅可以在外部冲击到来之际抵御这些冲击的影响而保持增长态势不变，还可以在新的发展环境中快速调整为适应新环境的经济运行方式，修复被冲击的增长过程并实现更良性的增长。因此，在面对不确定性不断增加的现阶段，构建具有良好韧性的区域经济体具有重要的理论价值和实践意义。而从已有研究来看，关于区域经济韧性的研究起步较晚，其定义虽有所进展，但也无定论，有的关注经济增长的稳定，有的则强调经济增长的转型。各经济学者之间就区域经济韧性的交流并非基于同一概念和同一指标，从而导致相关研究的混乱，其主要形态、形成机理等理论研究也尚在探讨之中。近年来，东北经济遭受2008年全球性金融危机、第四次产业革命兴起等外部冲击后，长期处于下行态势，计划经济体制下积累的结构性和体制性矛盾日益凸显，经济陷入了前所未有的困境，引起社会关注。本书选择具有代表性的老工业基地辽宁、吉林、黑龙江三省为切入点，探讨区域经济韧性的定义、表现形态及其形成机制，对东北地区经济韧性进行研究，以期为东北老工业基地振兴做出贡献。研究的主要内容和结论如下：

第一，通过对已有文献的梳理，将区域经济韧性的概念界定为：区域经济系统应对外来冲击以维持或改善原有经济运行模式的能力，并将区域经济韧性分为抵抗力和重构力两种形态，东北经济现阶段所表现的区域经济韧性不足，归根结底是重构力不足的问题。在此基础上，本书基于不完全市场、区域异质性、开放经济、新产业革命及可持续发展的理论前提，将区域经济韧性视为区域经济系统的固有属性，区域经济系统作为区域经济韧性的物质载体，从区域供给系统、社会系统梳理了区域经济韧性的构成要素及其应对外部冲击的机理，从而确立了本书的理论分析框架。

第二，基于上述理论分析，结合东北地区的外部冲击的背景，阐述了东北地区经济韧性的演进历程，并分别从东北地区产业体系、空间结构、技术能力和贸易体系四个层面深入剖析了当前的发展状况和存在的主要问题。同时构建了区域经济韧性综合测度指标体系，对东北地区经济韧性进行测度，并对测度结果进行了特征的归纳与分析。分析结果显示，从时间序列上看，2009至2012年，各经济韧性等级的城市所占比例变化不大，2013年以来，较低经济韧性和中等经济韧性城市所占比例迅速增长，较强经济韧性城市所占比例骤减；从空间演化上看，较低经济韧性城市和低经济城市呈"集聚化"的分布，沿海地区城市经济韧性高于内陆地区，南部高于北部，东中部高于西部，省际之间经济韧性吉林省最强，其次是辽宁省，黑龙江省最弱；从城市类型上看，资源型城市经济韧性较低，非资源型城市经济韧性高于资源型城市，在资源型城市内部呈现综合型城市>森工型城市>石油型城市>煤炭型城市>冶金型城市的趋势；从城市规模上看，规模大的城市经济韧性相对较高，其中超大城市的经济韧性远远领先于其他规模的城市，中小城市区位偏远，经济规模小，经济发展缺乏发达的经济中心的带动，经济韧性普遍较低；从增长速度来看，城市经济增长速度快慢基本能反映城市经济韧性高低，同时区域中心城市经济韧性远高于其他城市。

第三，基于面板回归方法，通过对区域经济韧性的影响因素进行实证分析，总体样本回归结果表明，提高产业集聚程度、区域创新水平和空间品质有助于区域经济韧性的提升，对外开放度的提高反而会降低区域经济韧性；分区域回归结果表明，辽宁省区域创新水平对经济韧性的促进作用最强，吉林省次之，黑龙江省最弱；不同规模城市回归结果表明，大城市产业集聚与区域创新水平对经济韧性的影响幅度远高于中小城市，空间品质对大城市的经济韧性产生正向影响，对中小城市影响不显著；不同类型城市回归结果表明，产业集聚、区域创新水平对不同类型城市经济韧性均起到促进作用，空间品质、对外开放度对资源型城市经济韧性影响不显著。

第四，运用空间计量模型，从产业多样化与产业专业化对区域经济韧性影响的视角，对东北地区产业升级与区域经济韧性溢出效应进行分析，回归结果表明东北地区产业多样化对本地的经济韧性起到了提升作用，但对周边地区的影响不显著。产业专业化对本地和周边地区的经济韧性都起到了提升的作用，能够更好地发挥自身竞争优势，优化资源配置，形成规模效应。进一步证明，东北地区在产业选择上应因地制宜，追求少而精的产业布局，集中力量发展主导产业，通过区域内相关的配套产业建设带动临近城市的发展。产业选择既不能忽略当前需求的变化、新产业革命及产业政策等具有普遍性的影响要素，更不能忽略当前东北地区产业体系、资源禀赋及企业构成等具有特殊性的影响要素，各省应根据自身源技术、资源禀赋的优势，构建存在技术支撑和产业关联度、符合当前新产业革命范畴内的创新型高附加值产业，最终实现产业转型升级，从而建立具有韧性的区域经济系统。

第五，结合东北地区经济特征、问题及其成因，提出了东北地区经济韧性的建设路径和策略。在产业技术层面，提升产业创新能力，从而推动产业转型升级；在产业空间层面，打破行政界限，提高城市群协作水平；在社会系统层面，重视人才作用，提升技术创新能力，政府与市场各司其职，充分发挥市场在资源配置中的决定作用，政府则应致力于营造创新环境，保护企业私有产权，降低企业的营商成本。

本书在编著过程中，得到了吉林财经大学新入职博士科研专项项目"东北地区区域经济韧性研究"（RES0001260）、吉林财经大学2021年著作出版资助项目及2022年度吉林财经大学九台农商银行金融研究院招标项目"吉林省光电信息产业发展研究"（JCJTNCJRYJYZB024）的资助。在此，表示衷心地感谢。

目　　录

第1章　导　论

1.1　研究背景和意义

1.1.1　研究背景

在当前重化工业体系技术停滞而第四次产业革命方兴未艾的背景下，经济运行模式的转换是全世界经济发展的重大课题。改革开放以来，中国进入经济发展的追赶期，主要任务是重复已工业化国家经历的过程，奠定工业化基础，从僵硬的计划经济体制起步，用三十年时间走完了已工业化国家近百年经历的过程，构建起了完整的工业体系，取得了瞩目成就。但这种"压缩式"增长不可避免地导致粗放式扩张，由于转移产业的技术制约，产业技术水平相对滞后，自主创新能力尚待强化，在国际产业体系中所处的价值链地位较低，产业链也多在低端产业形成，对环境的破坏、对资源的耗费愈加严重，因此，在总体上，中国转换经济运行模式的形势更加严峻。特别是20世纪90年代以来，中国最早开始大规模工业化的东北老工业基地，在长期计划经济体制下所积累的体制性和结构性矛盾日益突显，尽管2003年国家做出了振兴东北地区老工业基地的战略部署，其经济发展取得了阶段性成果。然而，由于靠投资驱动的增长方式难以为继以及受国内外经济环境的不良影响，2014年起，东北经济再次出现下行态势，辽宁、吉林、黑龙江三省GDP增长率下滑至5.8%、6.5%和5.6%，低于7.4%的全国平均水平，2016年更是跌至−2.5%、6.9%、6.1%，东北经济再度陷入困境。第一轮东北振兴虽然使东北地区经济走势有所回升，但政府支持的重点区域并没有改变原有的产业基础，对于资源型城市居多、经济实力总体偏弱的整个东北地区的城市而言，经济系统具有明显的脆弱性特征。目前，区域经济的发展面对与过去截然不同的外部环境，由于外部的冲击或扰动更加频繁地发生，原有在线性、可连续的条件下开展的经济运行模式已不再适用，非线性、不确定性、不可预测和复杂性成为当前的主要特征。区域经济发展面对外部的各种冲击或扰动，寻求经济运行模式的转换成为区域发展不可避免的路径，这其中的非线性、复杂性要求必须有科学的理论指导，区域经济韧性理论强调面对外部冲击，区域经济系统维持或改善原有经济运行模式的能力，成为当前学术研究的热点，同时也为区域转型提供了一个新的分析框架和理论支撑。

1.1.2 研究意义

目前，国内外有关区域经济韧性的研究依然属于一个新兴概念，关于区域韧性的研究尚在起步阶段，基本的理论范式和计量分析方法都在探索之中，当前研究仅在区域经济韧性的定义上有所进展，但也无定论，在定量分析方法的支撑和实证研究上也比较匮乏。本书就理论意义而言，首先，通过建立区域经济韧性的理论框架，并将理论框架与实证应用相结合，在一定程度上丰富了区域经济韧性的理论研究。其次，从区域可持续发展的角度出发，构建了区域经济韧性综合测度的指标体系与评估模型，在区域经济韧性的测算方面取得突破，并在此基础上对其影响要素进行实证分析，为今后相关学者丰富和完善该领域的研究内容提供参考。

就现实意义而言，一方面，从产业结构角度看，东北老工业基地产业发展较早，以传统重化工业部门为主，由于政府过度扶植保护，长期在计划经济体制下运行，导致产业技术设备老化，体制固化严重，企业的社会负担较重，退休人员较多，技术结构、产品结构及技术人才都要进行调整，重新进行改造和升级优化发展。另一方面，从产业体系角度看，东北地区以工业体系为主，服务业、高新技术产业长期发展滞后。本书对东北地区提高产业技术层次、提升产业在社会分工价值链中的地位、创建现代化的产业体系、实现经济运行模式的转换、摆脱经济下行的压力具有现实意义。

1.2 相关文献综述

1.2.1 区域经济韧性的相关研究

1. 韧性理论的研究及其进展

韧性（resilience）最初的定义源于物理学，用来表示金属在外力的作用下产生形变，进而恢复到原状的能力。加拿大生物学家Holling（1973）首次将韧性的概念应用到生态学的研究中，用来定义生态系统通过抵抗破坏和迅速恢复来应对外界干扰的能力。后来韧性的概念逐步被其他自然科学与社会科学引入研究之中。在城市学中，韧性的思想主要应用在应对各种灾害带来的风险以及气候的变化上，当城市遭受自然界的冲击时，城市的基础设施系统应对灾害的反应能力，其中包括减灾技术的应用，水、电、医疗服务及其他基础设施的配备等（McDaniels et al.，2008）。在土壤学中，Paton（1978）认为土壤在面对不稳定因素的影响时，具有抵抗或恢复健康的能力。在社会学中，Graham（1999）认为社会系统在保持原有的结构、功能、特征的同时，具有通过对扰动的吸收，进行重新组织的能力。在气候学中，Carl等（2006）将韧性定义为气候系统从极端气候的变化中恢复的能力。在材料科学中，Campbell（2008）认为韧性是一种材料发生形变时吸收能量，在其卸载时释放能量的能力。在组织学中，McCarthy等（2017）认为，韧性是一个组织系统在承受环境压力的情况下，依然可以发挥其作用的能力。当前的观点普遍认为，韧性首次在经济学领域出现是在2002年，Reggiani等（2002）认为在研究空间经济系统动态过程中，韧性这一概念应该作为一个关键思路，尤其是区域经济系统在应对冲击或扰动的过程中。

2. 关于"resilience"的翻译问题

在区域经济学中，对"resilience"的中译主要有"韧性"和"弹性"两种译法。这两者各有千秋，本书认为韧性更能体现"resilience"

的内涵。在中文文献中，胡晓辉（2012），彭翀等（2015），关皓明等（2018）等学者将之翻译为弹性，苏杭（2015），邵亦文等（2015），廖桂贤等（2015），陈梦远（2017），孙久文等（2017），曾冰等（2018），胡树光（2019）等学者将之翻译为韧性。

"弹性"这个译法应该排除，因为经济学中已经存在"弹性"这个专业术语，英文为"elasticity"，其含义为需求量或供给量对其某种决定性因素的变动的反应程度的指标，主要衡量的是买者与卖者对市场条件变化的反应程度。虽然在物理学中"elasticity"这个词的含义是物体受外力作用变形后，去除作用力后能恢复原来形状的性质，与"resilience"的含义十分接近，但这个词在经济学中的含义已经定义为当研究一些事件和政策如何影响一个市场时，不仅要讨论影响的方向，还要讨论影响的大小，如需求价格弹性一般用来衡量一种物品需求量对其价格变动反应程度的指标，如果将"resilience"译为"弹性"，则容易与经济学中的弹性概念相混淆。

在物理学中，韧性表示材料变形时吸收能量的能力，韧性越强，则发生脆性断裂的可能性越小，韧性的材料比较柔软，它的拉伸断裂伸长率、抗冲击强度较大。将这个概念引申到区域经济学中，"韧性"这个译法能更好地表达灵活性、适应性和转型能力等特点，相对于应对冲击和扰动的承受能力，转换经济运行模式的能力是"resilience"更重要的内涵（详见本书第3章的论述），在本书中，区域经济韧性视为区域的固有属性，其本质上是区域经济系统的一种能力，在重大冲击之后表现出来的，但其自身是独立于外部冲击和扰动而存在的，"弹性"一词强调的是反应程度，而"韧性"一词则强调的是属性，因此韧性这一译法能更加准确地涵盖所研究维度的全部内容。

3.区域经济韧性概念的形成和发展过程

（1）区域经济韧性的认识视角。

当前区域经济韧性概念仍处在起步阶段，理论体系的构建尚不成熟，从其他学科直接借鉴过来的痕迹比较严重，起初对区域经济韧性存在着两种认知视角，一种是均衡论的视角，另一种是演化论的视角。

均衡论视角认为区域经济韧性是区域经济遭受危机后恢复到初始的经济发展速度或是维持自身系统稳定的能力，这种视角认为每个区域都有一种合理的均衡状态。Graham等（2006）认为，区域经济在面临危机时存在着自我恢复能力，从而使经济恢复到均衡的状态，只是速度快慢的问题，相对而言，韧性强的区域抗干扰能力和恢复能力相对较强。Fingleton等（2012）认为，在遭受短暂的外部经济危机时，区域会激发固有的自我修复功能，并最终恢复到原有的均衡状态。Christopherson等（2010）对区域经济韧性的解释聚焦于短期危机上，以横截面研究（cross-sectional study）为主，进而去讨论对区域经济增长方式的影响。Edward（2018）则将区域经济韧性直接等同于物理学中的弹性（elasticity），认为其是经济回弹到原来状态的能力。这一认知视角存在很大的局限性，从宏观的周期角度看，经济扰动或危机相对于区域长期发展只属于短期的过程，但若危机的冲击改变了当前的需求结构和产业结构，即使当前回到了原来的增长速度，但却未能实现运行模式的转换，不能视为该区域具有韧性。在物理学中存在着均衡的状态，是可以被观测的，但区域经济中的均衡无法被观测。区域经济系统是一个复杂的自适应系统，具有动态性和不断演化的特征，区域经济均衡的假设存在局限性，无法解释韧性的空间异质性问题（曾冰等，2018）。针对区域经济韧性复杂适应性、空间异质性与动态演化的特点，Martin（2012）认为区域经济韧性的研究需要关注区域受到冲击或扰动后长期发展的趋势，同时区域经济在发展过程中产生的偶然或者突发的事件导致创新的出现，从而对区域产生巨大的影响也会使区域很难回到从前均衡的状态。Martin等（2015）强调区域经济韧性是包含了脆弱性（vulnerability）、抵抗力（resistance）、稳定力（robustness）、恢复力（recoverability）的过程，如图1.1所示，在这个过程中，冲击和复苏是一个循环累积的过程，其自身引发区域经济系统功能和结构的变化，同时在相互作用下，又进一步影响区域经济系统对后续冲击的抵御和恢复。区域经济韧性是由区域经济对冲击和扰动的反应所形成和塑造的，既影响着区域经济的演变，又影响区域自身结构的演变（Marth et al., 2016）。

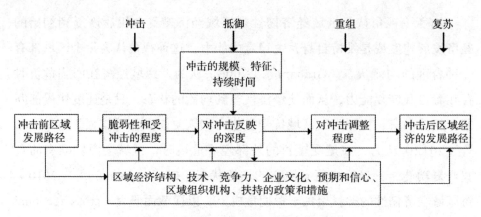

图1.1　区域经济韧性应对冲击的过程

在演化论的视角下，韧性被看作区域固有的属性，它并不是根据某次冲击或扰动后测度得来的，而是独立于此之外的，随着外部环境的变化和自身的不断调整得来的。演化论强调外部冲击破坏区域当前发展路径创造全新发展路径的可能性，这为区域建设先进产业体系、步入全新的增长阶段提供了机遇[①]。持这一观点的经济学者更关注的是区域经济系统随着时间的推移而改变的这一过程。Carpenter（2005）将区域看作从外界不断获取新的信息和知识，并不断发展向前演化的一个复杂适应性系统，认为韧性是一种动态持续变化的过程，并非最终走向一个均衡状态。Hill（2008）认为，区域受到外界干扰时，恢复到原来的发展路径或者转变发展方式走上新的发展路径，但其系统的结构和功能并不发生改变。Simmie等（2010）认为，区域自身的地理特质在面临不同类型的经济扰动时会出现不同的情况，高韧性的区域通过调整自身结构、重新进行资源的优化配置，重新回到经济增长的道路中，而低韧性的区域难以应对外界环境的变化导致经济持续低迷，同时经济危机为区域破除区域锁定走上新的经济发展道路提供机遇，在借鉴Holling等（2002）的适应性循环模型的基础上，提出了演化经济韧性分析框架，将区域经济演化过程分为重组（reorganization）、开发（exploitation）、保持（conservation）和释放（release）四个阶段，如图

---

① Martin R.Roepke lecture in economic geography: Rethinking regional path dependence: Beyond lock-in to evolution [J].Economic Geography, 2010, 86（1）: 1-27.

1.2所示，此循环一共有两个周期，第一个周期是与特定的经济结构和经济增长路径的出现、发展、维持有关，第二个周期是经济的下滑以及探索新的经济增长路径的过程，即释放与重组（Simmie et al.，2010）。在演化论的视角下，区域经济韧性的研究跳出了短期危机的冲击所造成的影响，更加全面兼顾长期区域动态演化的过程。Cellini等（2014）强调了演化方法在区域经济韧性中的应用分析，从内生和外生两个维度对区域经济韧性进行了解释，内生的经济韧性是区域经济系统内在的经济发展过程，外生的经济韧性则是面对外部冲击，保持当前发展路径的能力。Hu X.等（2017）重点探讨了区域经济在受到冲击后创造新增长路径的来源，重点探究以维持原有经济系统发展模式与打破原有路径创造新增长路径二者之间的相互关系对区域经济演化的影响。廖敬文（2019）认为，将一个区域经济体的韧性进行细化之后，其韧性的差异是多种因素综合作用的结果，这些因素存在着普遍性与特殊性，需要重视区域特有的重要因素，受演化论视角的影响，区域经济韧性是一个兼顾时间与空间多个维度的概念。

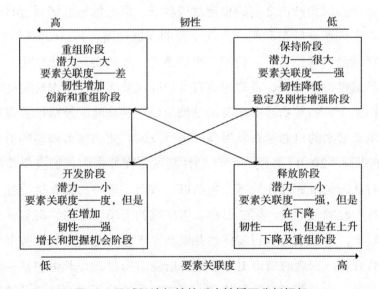

图1.2 区域经济韧性的适应性循环分析框架

（2）关于区域经济韧性的概念界定。

由于韧性引入经济学领域的时间较晚以及相关学者研究视角的不同，关于区域经济韧性的概念还没有统一的界定。当前的观点普遍认为，韧性首次在经济学领域出现是在2002年，Reggiani等（2002）认为在研究空间经济系统动态过程中，韧性这一概念应该作为一个关键思路，尤其是区域经济系统在应对冲击或扰动的过程中。

Berkes等（2003）认为，韧性不仅包括经济系统应对外界扰动的能力，还包括抓住并转化外部机遇的能力。Rose（2004）认为，经济韧性涉及企业、市场、家庭等不同层面，是区域系统中固有的一种响应机制，以及区域在外来冲击发生时和发生后为避免潜在损失而采取的应对策略的能力。Foster（2007）将区域经济韧性定义为面对外部干扰，区域预测、准备、应对和恢复的能力。Hill等（2008）将区域经济韧性视为区域经济在受到冲击后成功恢复的能力，但这种复原往往和原有的经济运行模式存在偏差。James（2009）根据外界冲击发生后，总结了区域经济的发展趋势，其中包括能否回到冲击之前的稳定发展状态，以及区域经济通过自身结构的调整，实现产业转型升级，走向全新的发展道路。Ernstson等（2009）认为，区域经济韧性是一种转型升级的能力，通过实现系统结构与功能的转变，形成可持续发展，最终形成自身消除风险干扰、实现转型的能力，并以美国波士顿的成功转型和英国曼彻斯特和利物浦的没落形成对比，强调技术革命带来的机遇和对发展模式进行及时有效的转型调整的重要性。Mario Polèse（2010）认为，经济韧性是城市在冲击中保护自身发展的能力，同时认为经济韧性强的城市包括以下方面。第一，拥有接受过技能培训或良好教育的劳动力。第二，存在着广阔的市场。第三，高端服务业所占比重较大，产业结构具有多样性并以新兴产业为主。第四，城市具有宜居性。具有经济韧性的城市更加注重自给能力的建设，其中包括稳定的产业链带来的产品和服务持续的供应、城市正常运转所需的能源及日常生活物品和服务的供应。Hudson（2010）认为，区域经济韧性是指区域经济系统所拥有的潜在的或者已经显现出来的适应能力，是一个长期动态的过程。Martin（2012）最先提出了较为完整的区域经济韧性分析框架，如图1.3所示，区域经济韧性由四个维度组成，第一是区域面对衰退或危机所体现的敏感度。第二是区域经济从衰退中恢复的速度和程度。第三是区域经济应对衰退或危机所表现出的再组织和适应能力，如技术结构、产业结构、劳动力结构和商业经营模式的改变。最后是区域经济更新原有增长路径的能力。廖敬文等（2019）将"韧性"译作复原力，用来反映区域经济从受到冲击后到恢复前的动态反应过程，以及在此过程中区域自身主动表现出的应对能力。李连刚等（2019）认为，区域经济韧性是指面对市场、环境的变化，区域经济系统通过自身调整恢复到冲击前的发展路径，或是转换到更优发展路径的能力。

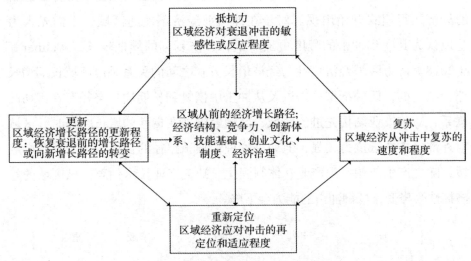

图1.3 区域经济韧性应对冲击的四个维度

综上所述，区域经济韧性的概念界定是一个从关注微观到兼顾微观和宏观经济不断深化的过程。其中一部分学者强调区域经济面对冲击或扰动的反应能力，也有一部分学者强调区域经济恢复到原来的增长状态或者转化外部机遇走上全新发展路径的能力。

（3）当前区域经济韧性的研究。

近年来，世界各地区域的发展接连受到重大自然和环境灾害的影响，以及2008年世界金融危机对全球的大部分地区造成了巨大的经济损失，引发了区域经济韧性的研究热潮，区域经济在这些冲击和扰动的影响中恢复速度究竟如何，学者们开始将区域经济遭受危机后所产生的不同表现和韧性相联系，通过区域经济韧性的概念来解释不同区域经济系统恢复的差异。Pendall等（2008）描述了经济运行模式与区域经济韧性的发展过程，如图1.4所示，在开发阶段，区域利用自身比较优势和各种外部经济的本地化，资本积累与区域经济韧性均处在上升阶段，随着这种增长模式的继续，区域经济各组成部分之间的连通性增加，发展模式变得僵化，其对潜在冲击的适应能力下降，如果发生冲击，就可能出现结构性衰退和增长势头丧失，企业关闭或迁出该区域，产业关联度下降，区域经济失去集聚效应。旧的经济运行模式的瓦解也带来了重组的可能性，以创新为特征的新的经济运行模式开始出现。对于在冲击前经济不发达区域，人们先入为主地认为其受到冲击的程度更加严重，经济复苏的周期较长，Webber等（2018）认为区域经济韧性与经济增长方式之间的关系是由区域长期增长路径决定的，区域抵御冲击以及从冲击中恢复和长期增长路径有着密切的联系，对于产业结构先进的区域，区域经济处在良性的增长路径时，区域对外部冲击的抵抗力较强，但如果这种依赖于路径的良性增长速度开始放缓，随之产生依赖夕阳产业、体制固化、缺乏产业技术创新，该区域的经济韧性会降低，抵御冲击的能力会下降。

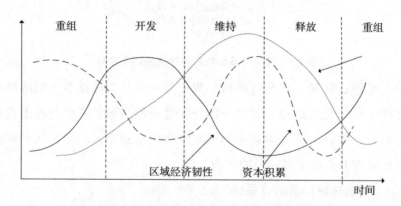

图1.4　基于适应性循环的区域经济韧性的变化

针对区域应对经济危机的能力，许多学者开始跳出其他学科建立韧性研究框架。Martin（2010）提出了适应性理论，产业、企业、技术和制度在区域经济中相互影响与适应来确保区域经济能够稳定发展，这里的区域经济韧性既包括了路径依赖发展的能力，也包括了技术革命等一些偶发事件使区域发展而形成的新增长模式。Pike等（2010）认为区域经济走上全新的增长模式受到原来增长路径的阻碍，建设强有力区域经济韧性的重点是突破原有的路径依赖。Simmie等（2010）认为处在产业发展上升阶段的路径依赖可以通过内部交流合作规避冲击，从而促进区域经济结构的适应改变，有助于提升区域经济韧性，但处在产业生命周期末端的路径依赖会导致区域经济结构僵化，不能及时适应环境变化而陷入长期衰退，阻碍区域经济发展。Shaw等（2013）认为，区域经济韧性是一种转型升级能力。当区域受到各种外部冲击时，自身的系统与组织结构由一种运行模式向另一种运行模式转变，从而实现自身抵御风险、抗干扰的能力。Boschma（2015）认为，区域经济韧性的概念应将面对短期冲击和长期扰动的两种能力进行整合，进而促使区域发展出一种长期的增长路径，区域是个人、组织、产业、网络和制度的集合，需要从多维度去定义区域经济韧性。曾冰（2018）以2008年金融危机为背景对区域经济韧性进行了分析，结果显示：提高技术水平、完善基础设施建设对经济韧性有显著的提升作用，而对外开放程度的加大对经济韧性带来反向作用，教育水平的提升对经济韧性并没有产生显著作用。

（4）区域经济韧性影响因素研究。

在区域经济韧性的影响因素方面，Swanstorm（2008）认为，韧性的研究需要考虑行政力量，它的影响存在着两面性，一方面，体制固化会对区域经济结构的调整和产业转型升级产生阻碍，但另一方面，集权度高的政府对区域走出经济危机和推动产业转型升级也会起到积极作用，许多事实也已证明无论是应对经济危机还是萧条地区的产业转型升级，行政力量都是非常重要的影响因素。在组织结构上，Hassink（2017）认为，知识网络和社会资本会导致认知锁定，不利于区域思维方式的转变与创新，但却是区域适应力的来源，他对韩国的"纺织之都"大邱进行了研究，发现

20世纪80年代由于认知锁定，大邱并未注意到以中国为首的其他竞争对手的出现，未能及时进行产业转型，最终导致主导产业衰落，当地经济严重下滑。Brian（2012）认为区域经济韧性取决于区域的长期发展规划、经济的发展模式和经济结构的多样性，通过前期的规划、政策的指导和战略的管理对区域经济韧性产生影响。在产业结构上，Martin等（2016）认为多样化的产业结构能够减轻危机给区域带来的冲击，对减少失业、维持经济稳定发展起到正向作用，产业结构单一的地区主导产业一旦遭受冲击，短期内无法实现产业的转型，经济容易出现大幅下滑。Davies（2011）从经济韧性的角度考察了2008—2010年经济衰退对欧洲各地区的影响，结果表明以金融业为主导的地区经济韧性相对较好，以建筑业、制造业为主的地区经济韧性比较差。对于主导产业而言，研究普遍表明片面发展重工业的地区，过度追求规模效应，从而造成工业轻重比例失调，环境污染严重，同时形成巨大的退出壁垒，这类地区经济韧性比较差，相对而言，企业比较灵活的地区经济转型速度快，经济韧性比较强。Glaeser（2011）指出在20世纪50年代，纽约在纺织业领域具有高度的专业化，由于规模较小，企业的转型比较灵活，能为日后经济转型提供条件。反观底特律，产业过于单一，汽车业经历了数十年的发展反而成为城市转型与持续发展的包袱，最终走向破产之路。在政府政策与制度方面，学者们认为政府干预少，市场化程度高、政策环境宽松、对私有产权保护比较完善的地区经济韧性比较强，Whitley（2010）在研究制度创新中指出，以美国为主的企业主义能够更好地发挥企业家精神，促进创新活力和技术进步，经济韧性最强，以德国和北欧为主的政企合作的联合主义的韧性次之，那些经济规划以政府为主导的国家经济韧性较差。在文化因素方面，Glaeser（2011）认为在思维相对封闭保守的地区，人们缺乏创新精神，工作更加趋向于稳定，无法向区域输入创新型人才，不利于区域产业转型升级，开放程度相对高的地区，更具有企业家精神，创新能力更强，充足的人力资本支持区域向高附加值的产业转型升级。Christopherson等（2010）指出区域韧性每个因素的相关重要性在不同地区和不同时期都是不同的，他认为强大的区域创新体系，现代化的生产性基础设施（如交通、通信等），勇于创新、技能多样的员工队伍，完善合理的金融系统，多元化的经济基础，不依赖单一产业这些因素长期影响着区域韧性。Williams等（2013）通过研究希腊城市经济韧性的影响因素，认为企业家精神不仅是经济重新定位和复苏的核心，还是长期经济韧性的核心。Huggins（2015）阐述了社会价值观对经济复苏的重要性，认为开放多元的文化对区域经济复苏有着重要的推动作用，富有企业家精神的地区更具经济韧性。

5. 国内学者对区域经济韧性的研究

相对于国外，国内学者对区域经济韧性的研究比较少，胡晓辉（2012）阐述了韧性的概念和内涵，对其发展脉络进行了梳理，并对未来区域经济韧性的研究方向提出了建议。彭翀等（2015）从区域韧性的属性、过程、能力的角度出发，分析了城市韧性与区域空间的特征；归纳总结了当前空间韧性测度的主要方法，对区域韧性的空间管理、规划等方面进行了拓展延伸。苏杭（2015）分别对韧性的概念和经济学中的韧性做出了阐释，尝试厘清经济韧性与其他概念间的关系。徐媛媛等（2017）在金融危机的背景下，以浙江省和江苏省为例对区域经济韧性的影响因素进行了定量分析和定性解释，建议增加对科研的投入，鼓励创新，加大对中小企业的扶持。陈梦远（2017）对均衡论和演化论两种研究视角下的区域韧性进行了阐述和辨析，从宏观和微观两个角度介绍了区域韧性的形成机制，在相关定量测度方法的基础上形成经济韧性的理论分析框架。逯苗苗等（2018）分析了区域经济韧性的影响因素，发现"新增长路径的创造能力"成为区域经济韧性的主要表现，产业结构、知识网络以及制度环境等因素对区域经济韧性产生重要影响。曾冰等（2018）指出对国外区域经济韧性不能全盘接收，应该注意到我国各地区存在着自然条件、社会经济和文化历史等方面的差异性，在进行研究时应根据区域异质性进行适当的调整与创新，研究的切入点应重点关注于老工业基地、贫困地区以及资源枯竭型城市。陈作任等（2018）在经济韧性的视角下，探讨产业结构和区位条件相似的地区受到外部冲击时产生差异的原因，对东莞市樟木头与常平进行了产业分析和对比，研究表明地方制度、技术变革、经济结构、劳动力结构和社会文化氛围等因素导致两地经济韧性的不同。胡晓辉等（2018）运用制度演化的视角对山东枣庄和辽宁阜新的经济韧性进行比较分析，结果表明枣庄的经济韧性与制度良性层叠和转化有密切的关系，这两种模式有利于促进产业转型升级和多样化，而阜新的经济韧性则受到制度刚性的影响，形成路径依赖。徐圆等（2019）、郭将等（2019）研究了产业相关多样性与区域经济韧性之间的关系，从区域应对外部冲击的角度提出了建设相关多样性的产业布局以及提升区域创新水平的思路。

综上所述，区域经济韧性存在着单一均衡和多均衡的分析视角，以及近年来所提出的区域没有稳定的均衡状态，即独立于经济危机之外并根据外界环境不断调整的动态演变视角所进行的区域经济韧性研究。国外学者逐步形成经济学的研究范式和分析方法，将路径依赖、路径创造区域锁定、区域脆弱性、恢复力与经济韧性相结合，但研究视角并未形成统一，有的学者关注经济增长的稳定，有的学者则强调经济增长的转型。国内对区域经济韧性的研究仍然停留在起步阶段，主要以对国外学者的研究成果进行文献述评为主，近年来逐步注重区域经济韧性的经验研究，集中应用于城市转型路径的相关问题。

1.2.2 区域经济增长的相关研究

1. 国外区域经济增长的研究

古典经济增长理论研究最初是由法国"重农学派"的代表魁奈提出的，他将土地生产物看作各国收入及财富的唯一来源或主要来源（李长春等，2012）。亚当·斯密（1776）则是从专业化生产和社会分工的角度出发，对经济增长进行了系统性的研究，并将国家经济增长的主要动力归因于劳动分工，资本积累和技术进步。大卫·李嘉图认为，经济增长的理论的关键是收入分配与经济增长的联系，其经济增长的思想体系建立在边际产量递减定律的基础上。马尔萨斯则强调人口增长因素在经济增长过程中的重要性，并提出了"人口陷阱"理论，认为人口的增长速度高于生活资料的增长速度，倡导积极抑制人口增长。古典经济增长理论在经济增长的决定要素上形成了一些基本共识，例如都重视劳动力和资本等要素的数量与质量，但在其内在作用机制上存在差异，最终产生了各经济学家对未来经济增长前景的不同预期。

新古典经济增长理论则是建立在宏观经济学理论基础之上，哈罗德-多玛模型主要（Harrod-Domar model）研究了产出增长率、储蓄率与资本产出比之间的相互关系，从供给与需求相结合的角度解释了经济增长，克服了凯恩斯理论仅从需求侧解释的局限性，为现代经济增长理论开创了先河，也为商业周期的形成提供了自己观点。索洛-斯旺模型（Solow-Swan model）从厂商和家庭两部门的角度，通过新古典生产函数的推导，在市场出清的条件下分析了资本积累与长期经济增长的动态关系。拉姆齐模型（Ramsey model）不仅关注了人口增长率、总产出和折旧率等因素，还着重强调了家庭效用对经济增长的影响，并利用连续时变函数，从市场出清的角度，将储蓄率内生化。戴德蒙模型（OLG model）改变了过去连续时间的分析法，从离散的角度探讨了储蓄、消费及经济增长等问题的增长模型。

在新增长理论的框架下，Arrow（1962）将"干中学"的思想纳入经济增长的理论框架中，他认为厂商的生产力是全行业积累的总投资的递增函数，随着投资和生产的进行，新知识将被发现，并由此形成递增收益。Romer（1986）和Lucas（1988）将知识和人力资本引入到经济增长模式中，提出了要素收益递增的假设前提，通过专业化中间产品的不断积累及研发部门知识的溢出效应产生外部经济的作用，持续的经济增长就可以实现。

2. 东北地区经济增长的研究

在东北地区经济增长的评价方面，国内学者意见并不一致。魏后凯（2008）认为，东北振兴战略的实施使东北地区经济增长速度大幅提高，加快了对外开放的步伐，但存在着政策尚待细化、国有企业改革推进缓慢等问题。李向平等（2008）将东北经济增长的良好态势归因于政策的拉动和重化工业产品市场需求扩大的短期效应，认为东北地区实际上并未完全摆脱经济地位下降、经济增长的质量和效率处在低位的困境。姜四清等

（2010）对东北振兴中期政策成效进行了总结，并指出，虽然东北经济增速加快，但体制性与结构性等深层次的矛盾并没有得到根本解决。杨东亮（2011）利用马奎斯特指数计算了我国各省的全要素生产率增长及其构成，通过对比分析东北三省与全国各省的结果得出东北振兴政策尚未达到理想效果。盛广耀（2013）则认为，东北振兴战略实施的十年，固定资产投资增长迅速，人民生活水平和社会保障水平大幅提高，经济增长呈现良好态势。张平宇（2015）则指出东北经济表面看是由投资的锐减和外需不足引起的，根本上仍然是结构性、体制性的问题没有根除所导致的。杨东亮等（2015）认为，东北经济没有建立起政府与市场良性互动的投资体制，对资源型产业投资比重过高。赵儒煜（2017）认为东北经济下滑的根本原因在于"产业缺位"进而造成的体制固化的问题，体制固化这一表现形式是在"产业缺位"经济基础的作用下呈现的。

关于实现东北振兴的对策研究方面，学术界不乏争论。早在"东北现象"初步显现时，李诚固等（1996）、王胜今等（2013）便从调整产业结构、重塑产业基础等角度提出解决之道。随着东北振兴战略的持续推进，高相铎（2006）等提出东北地区资源禀赋与产业发展应有效组合，加速城市化进程，整合产业发展的空间地域，建立区域经济合作机制。赵昌文（2015）指出，政府的作用应从生产型向服务型转变，优化营商环境，建立开放、公平竞争市场体系，同时也要防范地方债务风险。刘保奎等（2017）从空间角度分析了东北地区经济发展的特征与困境，讨论了东北地区空间发展的主要趋势并提出了促进新一轮振兴的空间策略，包括建设国家中心城市、优化内部空间关系以及培育新增长空间。周宏春（2017）认为，东北地区应抓住"一带一路"的历史机遇，充分利用毗邻俄罗斯、韩国、日本这一优势，实现产业发展与"一带一路"倡议的良性互动，打造我国向北开放的前沿地带。张可云（2017）认为，东北经济老化问题出现的关键原因有内外两个方面，即内部缺新与外部有新。老工业基地振兴应以内部空间布局合理化、不同地方之间的协同、选择合理的产业方向以及内部创新能力的培育等为振兴的重要抓手，更为重要的是，必须围绕需求结构的变化与当前世界产业与技术的发展前沿来寻找老工业基地发展的方向与思路，如果依旧在传统产业里找出路，是对老工业基地振兴的误导。

1.2.3 东北地区经济韧性与经济增长关系的研究

近年来，由于东北经济出现了断崖式的衰退现象，国内学者将区域经济韧性的概念应用到振兴东北老工业基地的研究上，孙久文等（2018）认为，东北经济问题在于存在功能型锁定、认知型锁定和政治性锁定，导致经济韧性较差，振兴东北的关键在于要打破区域锁定，恢复区域经济韧性。关皓明等（2018）将韧性理论应用到城市经济转型领域，并对沈阳市产业结构的演替与经济韧性变化特征进行了分析。廖敬文等（2019）借鉴国外区域经济韧性政策导向，提出了中国老工业基地振兴政策方向，并指出应依据区域经济韧性的差异来源，分门别类地提高老工业基地城市的韧性，政策的实施应因地制宜，还建立了区域经济韧性的四维分析框架，指出东北老工业基地抵御冲击能力较弱、经济结构敏感、复原速度较慢且已陷入有偏复原路径，振兴之路任重道远。谭俊涛（2017）针对东北地区资源型城市转型，从短期危机和长期扰动的维度对城市韧性进行了分析，并提出了东北资源型城市转型发展的对策措施。

1.2.4 区域经济韧性与经济增长关系的测度研究

目前，学者对区域经济韧性测度指标体系的研究并没有公认的合理的指标及其所占权重，无论是单一指标的还是多指标的都没有统一的标准。

当前利用就业率和GDP的变化去测度经济韧性的比较常见，Fingleton等（2012）对英国1971—2010年12个地区的就业数据进行分析经济韧性与就业冲击之间的关系。Martin（2012）则是从英国各地区九个产业部门就业人口构成变化的角度对英国各地区的经济韧性进行测算。Davies（2011）使用失业人数的变化对2008年至2010年欧洲各地区域韧性进行测算，研究发现与区域强度（脆弱性）之间的相关性在不同国家之间存在差异，受资产泡沫影响的地区和建筑业占比较高的地区的韧性较差。

Han Y.等（2015）运用2007—2009年经济低迷时期美国各县的月度就业数据对受过金融危机冲击后美国各地的经济韧性。Brakman等（2015）在城镇化的视角下分析欧洲地区在危机过后的短期恢复能力的不同之处，采用失业率和实际人均GDP为测算指标，研究表明城镇化指数较高的欧盟地区受到外部冲击的影响更小。Sensier等（2016）将区域的空间尺度进行了细化，根据欧洲各地区在经济危机方面的GDP和就业情况来衡量区域经济韧性，详细分析各区域之间在恢复冲击过程的幅度和持续时间方面的差异。Faggian（2018）使用失业率的变化，将整个意大利地区分为686个劳动系统（LLS）进行经济韧性的测度，进而分析影响区域经济韧性的影响因素，研究表明区域的工业体系和人口规模对地区的经济韧性起到决定性作用。Bergeijk等（2017）以在受到金融危机的冲击后，各国贸易量下降及持续的时间来对区域经济韧性进行研究。

有些学者则采用指标体系来评估区域经济韧性，Briguglio等（2006）提出了经济韧性的分析框架和分析方法，将经济韧性的组成划分为四个部分，其中包括稳定的宏观经济环境、市场效率、政府治理和社会发展水平进行测度和研究。McInroy等（2010）从本地经济、影响要素、与其他经济体的关系三个层面构建了区域经济韧性的指标体系。Crespo等（2014）建立了一个区域弹性演化框架，重点研究了区域知识网络的结构特性，通过对区域知识网络不同高度的级别进行比较后发现经济韧性较高的地区，其知识网络具有紧密的联结性。Cox等（2014）从企业责任、当地投资、公共设施和环境可持续性等维度建立了区域经济韧性的评估框架，并在每一维度提出建议，试图弥合韧性的概念思维与当地政策制定之间的鸿沟。Paolo等（2018）在不对称性和峰度检验的基础上，对选择的变量进行主成分分析（PCA），从经济、社会、环境三个维度对欧洲248个地区经济韧性进行测度。

在其他计量研究方法上，Pendall等（2012）探讨了脆弱性、不稳定性和韧性的概念，将韧性应用于分析人口、住房、社区和大都市地区，并基于美国84个都市圈的微观数据，对住房条件和经济韧性之间的关系进行分析。Holm（2015）采用定量方法研究丹麦信息通信技术（ICT）部门在互联网泡沫破裂后的区域产业韧性，研究发现以新兴中小ICT服务企业为特征的区域适应性强、增长快，而产业多元化和城市化增加了冲击后对商业周期的敏感性。

在国内学者的研究中，张岩等（2012）基于DEA理论构建区域经济韧性的研究模型，各省的区域韧性的建设和经济发展方式有关，区域韧性指数相对较低，韧性建设还有很大的提升空间。符文颖等（2013）以发放调查问卷的形式，以珠三角地区电子产业为考察对象，研究后经济危机时代企业的管理方式和地理差异对区域韧性的影响，结果显示，区域创新水平、产品开发能力、人力资本积累对电子产业集群的转型起到重要的推动作用。关皓明等（2018）将经济增长周期划分为收缩期和扩张期，采用周期模型法对城市1978—2015年经济韧性进行测度，其本质依然是利用GDP的变化对经济韧性进行计量。

1.3　研究思路和结构框架

1.3.1　研究思路

本书以区域经济韧性为研究方向，选取东北地区34个地级以上城市为主要研究对象。首先，对相关研究和理论分析进行梳理，在此基础上提出本书的理论框架，并对东北地区经济韧性的演进与现状进行分析。其次，构建了区域经济韧性综合评测体系，对东北地区经济韧性进行了数量分析及特征评价。再次，结合东北地区不同省份、规模、类型城市经济发展的现状，对其经济韧性影响因素进行实证分析。最后，运用空间计量模型对东北地区产业升级与经济韧性溢出效应进行分析，并提出提升东北地区经济韧性的政策建议。本书旨在研究新一轮"东北振兴"的经济背景下，以区域经济韧性为研究视角，探索东北地区经济运行模式转换的新思路。

1.3.2 结构框架

全书结构由九章构成，共分为六个部分。

第一部分是本书研究的理论基础部分，包括第1章第2节、第2章、第3章。该部分主要是对区域经济韧性相关研究及理论进行系统梳理，并提出本书的理论框架。其中，第1章第2节主要梳理相关研究文献，第2章主要介绍相关理论，第3章提出本书的理论框架。

第二部分是本书的第4章，东北地区经济韧性的演进与现状分析。该部分根据东北地区三次外部冲击的背景，对东北地区改革开放初期、入世阶段以及现阶段的经济韧性进行了分析，并总结了东北地区经济韧性的现状与问题。

第三部分是本书的第5章，东北地区经济韧性的数量分析。该部分基于上述理论框架，建立了经济韧性综合测度指标体系，对东北地区经济韧性进行了数量分析及特征评价。

第四部分是本书的第6章，东北地区经济韧性影响因素实证分析。该部分首先从理论上阐述了产业集聚、区域创新水平、空间品质和对外开放度对区域经济韧性的影响机制，之后建立计量模型，实证检验了不同省份、规模、类型的城市各解释变量对区域经济韧性的影响，并结合东北地区的异质性对计量结果进行了分析。

第五部分是本书的第7章，东北地区产业升级与经济韧性溢出效应分析。该部分通过建立空间计量模型，从产业多样化与产业专业化对区域经济韧性影响的视角，对东北地区产业升级与经济韧性溢出效应进行分析，探索东北地区产业转型升级的思路，从而建立具有韧性的区域经济系统。

第六部分是本书的第8章、第9章，即全面提升东北地区经济韧性的对策，以及对本书进行了总结，并进一步提出了研究展望。

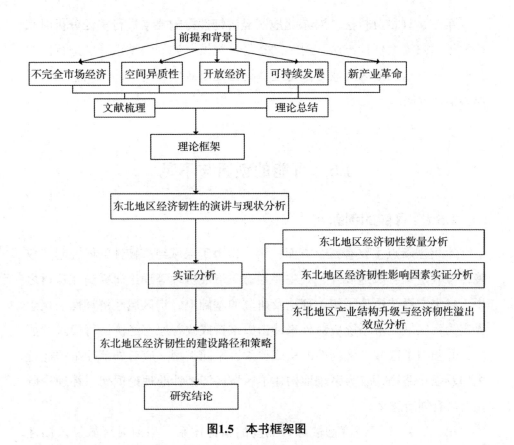

图1.5　本书框架图

1.4　研究方法

根据以上研究思路，本书主要采用以下方法展开研究。

第一，规范分析。通过对相关理论进行梳理和总结，结合其内在的逻辑联系，从规范分析的角度，采用归纳演绎法构建本书的理论分析框架，为后续的实证分析奠定理论基础。

第二，定量分析与比较分析相结合。在建立区域经济韧性综合测度指标体系进行东北地区经济韧性的数量分析时，采用定量分析法与比较分析相结合的方法。

第三，计量分析法。对东北地区经济韧性影响要素进行实证分析时采用面板回归模型估计方法，对不同省份、规模、类型的城市分别进行回归分析。在对东北地区产业升级与经济韧性溢出效应分析时，采用空间面板模型估计方法。

1.5　可能的创新与不足

1.5.1　可能的创新点

本书创新点主要有三个方面：第一，由于区域经济韧性的研究起步较晚，除其定义有所进展外，其主要形态、形成机理等理论研究尚在探讨之中。本书在系统梳理了相关理论及研究的基础上，将区域经济韧性的概念界定为：区域经济系统应对外来冲击以维持或改善原有经济运行模式的能力，并归纳了区域经济韧性的构成要素、不同类型、应对外部冲击的运行机理及强化路径，较为系统地构建了区域经济韧性的理论框架，在理论研究上具有创新意义。

第二，建立了经济韧性综合测度的指标体系。当前对区域经济韧性进行科学的量化尚没有公认的指标体系，本书基于区域经济韧性的构成要素，从产业要素、技术要素和社会要素三方面构建了经济韧性综合测度指标体系，全面、系统地对区域经济韧性进行数量分析，明确了东北地区经济韧性总体状况与空间分布格局，探讨了不同规模、类型、经济增长速度的城市经济韧性所具有的特征，在研究方法上具有创新意义。

第三，将区域经济韧性的概念引入产业转型升级的研究中，从理论上推导出区域经济系统实现产业升级是其依靠"韧性"实现回归经济增长过程最终方式，只有通过技术进步，从内涵上带来经济发展方式的转变，以及在其载体上带来产业体系的发展，才能形成强大的经济韧性。丰富了区域经济韧性的研究内容，为东北地区产业转型升级提供了新思路。

1.5.2 不足之处

本书尚存在如下不足之处，需要在未来的研究中继续探讨与完善。

第一，由于笔者分析方法、水平的限制以及数据采集的局限，在对东北地区进行实证分析时，其研究方法还有待进一步创新。特别是在建立经济韧性综合测度指标体系进行测度时，受数据获取等原因影响，评价指标体系仍不够完善，由于采用的是城市样本数据，对2008年之前的部分数据获取存在困难，以及在对指标权重的处理上，虽然用不同方法进行了多次尝试，但指标权重的确定依旧值得商榷，导致研究存在一定局限。

第二，面对一些突发的外部冲击如地震、洪水、公共卫生事件等的情况下，地方行政部门的危机管理能力往往在很大程度上决定了当地经济受冲击的程度。但是，地方行政部门的危机管理能力除区域经济系统外，地方官员的危机处理能力对区域经济系统也有重要的影响，但是由于以下原因，本书无法讨论这一话题。其一，地方官员的执政能力、危机处理能力具有较强的个性特征，无法作为区域经济系统内的固有的构成要素存在。其二，危机处理的随机性极强，偶然性因素较多，无法给予一个明确的评价体系进行评价。其三，危机处理的能力以避免当下危机事件造成巨大伤害为直接目的，而不具有明确的维护区域经济运行模式的特征。因此，本书虽然认识到不可抗力危机处理能力的重要性，但不把它视为区域经济韧性应予考察的范围之内。

第2章　相关理论

2.1　区域经济增长的相关理论

2.1.1　增长极理论

增长极理论是由法国经济学家弗朗索瓦·佩鲁（Francois Perroux）最早提出的。区域增长极是指具有推动性的主导产业和创新型行业及其关联产业在地理空间上集聚而形成的经济中心（Perroux F.，1950）。区域产业结构是围绕增长极来打造的，这种模式打破了区域初始的空间均衡状态，使区域出现了不平衡发展。随着增长极的进一步成长，区域空间不平衡随之加剧，导致在同一区域内地区间经济发展产生差异。增长极具有以下特点：在产业维度上，增长极通过辐射周围地区而形成强大的经济技术关联，是区域产业发展和经济发展的组织核心；在空间维度上，增长极的出现影响着周围地区产业活动空间的分布与组合；在物质形态维度上，增长极以区域中心城市的形态来体现，因不同区域的面积大小和经济体量的不同，增长极的规模等级也各不相同（李小建，2006）。

佩鲁的增长极理论不同于新古典经济学家对经济增长的思考，他是跳出了对经济活动的边界束缚，纯粹从经济自我组织、自我发展的角度考察经济增长的非均衡性特征。

2.1.2　循环积累因果理论

循环积累因果理论是由瑞典经济学家冈纳·默戴尔（G.Myrdal）于1944年提出的。他认为社会、经济、技术、政治和文化等要素彼此之间相互影响与联系，共同推动社会经济制度不断向前演进，其中的一个要素发生变化，就会相继影响另一个要素的变化，后者的变化反过来又加强最初的要素继续产生变化，从而使社会经济沿着初始要素变化所确定的轨迹方向发展，从而形成累积性的循环发展趋势（Myrdal G., et al., 1958）。美国经济学家纳克斯（R.Nurkse）在因果循环理论的基础上，提出贫困恶性循环理论（见图2.1），其核心内容是发展中国家在"低收入"处连接，相互影响、强化，经济增长长期停滞，从而深陷贫困状态。在上述循环积累因果理论的支撑下，一个环节的变化都会依次传递到其他环节，并返回到该点，形成互为因果的关系，随着作用强度的不断累积，影响不断增强。因此要打破贫困恶性循环，需要进行外部投资来增加收入，通过同时在不同工业部门之间相互提供投资引诱，形成循环累积，就能摆脱恶性循环。

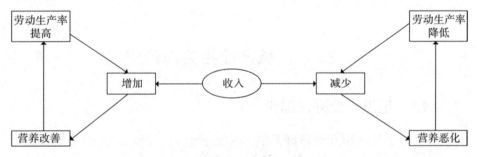

图2.1 贫困的循环积累因果关系

2.1.3 乘数理论和加速理论

乘数的概念是由英国经济学家卡恩（Kahn）于1931年提出的，用来表示一项新投资对就业增加的总量与该项投资直接产生的就业量之间的比例。1936年梅纳德·凯恩斯（Maynard Keynes）对乘数的概念进行了拓展，指出经济增长中投资对于收入有扩大作用，总投资量的增加可以带来若干倍于投资增量的总收入的增加。在消费倾向既定的情况下，投资的增加带来国民收入数倍于此的增长，收入的增加又会刺激消费，从而扩大消费品的生产，同样也会带来就业和总收入的增加。乘数理论说明，新增投资不仅可以直接增加总收入，还可以通过引致消费的增长而间接增加收入，最终使总收入数倍于投资总量地增加，经济活动之间存在着一连串连锁、放大效应（鲁迪格·多恩布什，2017）。

加速理论是由法国经济学家阿夫塔里昂（A.Aftalion）和美国经济学家克拉克（Y.M.Clark）提出的，其基本思想是，投资是收入变动率或消费量的函数。收入变动率或消费量增长，投资将加速增长；反之，投资将加速减少。加速原理说明了经济增长中收入或消费量的变化如何引起投资量的变动，即在工业生产能力趋于完全利用时，消费品需求的微小增加就会导致投资的大幅增长。另一方面，该理论指出加速具有正向和负向的双重作用，投资变动的幅度大于收入变动率或消费量，只有消费量能够持续按一定比例增长，才能保持投资增长率不下降，即使消费量的绝对量没有下降，只是增速相对放缓，经济增长也会出现衰退（李小建，2006）。

2.2 区域产业相关理论

2.2.1 区域产业分工理论

区域分工是区域间经济联系的一种形式，由于区域之间经济发展和生产要素等方面存在着异质性，在资源和要素不能实现完全移动的情况下，各区域为了满足生产、生活的需要，通过专业化分工生产调整资源分配，实现经济效益的最大化。其中，古典的成本学说以及由此带来的要素禀赋学说、竞争优势理论，构成了主要的理论脉络。

1. 成本学说

英国经济学家亚当·斯密（Adam Smith）1776年出版的《国民财富的性质和原因的研究》一书中提出了绝对成本理论，他认为每个国家都具备着生产某些特定产品的绝对优势，如果国家根据其绝对优势进行专业化生产，可以降低成本，同时进行商品交换，双方都能获利，其主张的国际分工原则是劳动生产率的绝对差异是区域分工的基础，决定了区域的产业结构。但绝对优势理论并没有考虑到这样一种情况，如果一个区域在所有产品的劳动生产率上都不具有绝对优势，那么其无法参与到国际分工与贸易之中。

大卫·李嘉图（David Ricardo）发现一个区域在所有商品上都具有绝对优势，但具备的优势水平各不相同，另一区域劣势的水平也不尽相同，两个区域仍然可以通过国际分工和贸易相互获取利益。在某种商品上具有比较优势的区域应该集中生产该种商品，以进口该区域没有比较优势、因此不再生产的产品。通过分工，整个世界的生产效率得以提高，从而以更低的成本生产出更多的产品，也就为消费者福利的增加奠定了基础（李左东，2003）。

2. 要素禀赋学说

要素禀赋学说是由一对瑞典的师生赫克歇尔（E.Heckscher）和俄林（B.C.Ohlin）联手合作提出的，后人将要素禀赋学说称之为赫克歇尔-俄林模型（简称H-O模型）。该学说的基本思想是区域之间生产要素的禀赋差异是形成劳动分工和发生贸易的主要原因。资本丰裕的国家可以用较为低廉的成本生产资本密集型产品，劳动力丰裕的国家可以以较为低廉的成本生产劳动密集型产品，双方在国际贸易中出口其成本低廉生产要素所产出的产品，进口使用昂贵生产要素产出的产品，既发挥了各自的比较优势，又满足了彼此的需求（俄林，2008）。

H-O模型用"要素禀赋的丰裕度"和"要素使用的密集度"两个概念阐述了比较优势的来源，一国的要素丰裕度要是能够与某种产品的要素密集度配合起来，就会在该种产品上具有比较优势。同时H-O模型的假设不仅去除了比较优势理论中要求两个国家的技术水平有差异的规定，还将只有一种要素投入的假设修改为两种，能够分析国际贸易对收入分配的影响，并得出一般化结论：国际贸易会使一国的丰裕要素收益，但会使一国的稀缺要素受损（李俊慧，2015）。

3. 竞争优势理论

美国著名学者迈克尔·波特（Michael.E.Porter）提出了竞争优势理

论。波特通过对10个发达经济体、100多家企业的研究，构建了一个从企业到产业进而到国家竞争力的分析框架。波特认为一个区域产业的竞争优势是由区域的要素条件、需求状况、企业的战略结构与竞争、相关产业和支撑产业这四个因素决定的，但也不能忽视客观存在的政府的作用以及外部机遇。这些要素相互关联，形成一个类似钻石的菱形结构，因此该理论又称为钻石模型，如图2.2所示。

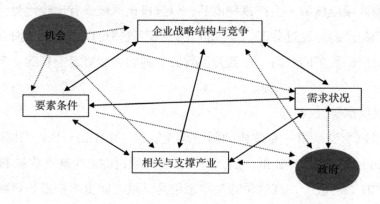

图2.2 迈克尔·波特的"钻石模型"

在竞争优势理论中，资源禀赋在国际分工中的作用大为削弱，能够激发劳动力的主观能动性、生产效率的技术创新以及管理创新等要素成为提高区域产业竞争力的内生因素。竞争优势理论以不完全竞争市场为前提，强调区域提高在国际分工的地位的关键在于创新，竞争优势与人为创造的资源关系密切。该理论修正了资源禀赋论仅仅关注区域特殊性的问题，添加了带有普遍性的非区域内容（迈克尔·波特，2002）。

2.2.2 区域产业成长理论

1. 产业生命周期理论

产业生命周期理论是在产品周期理论的基础上形成的，是由雷蒙德·费农（Raymond Vernon）在其1966年发表的《产品周期中的国际投资和国际贸易》一文所提出的。他认为，产品如同有机生物体一样，会经历出生、成长、成熟、衰退和死亡的生命周期，组织、产业、国家的经济系统也具有一定的周期性。产业周期理论大体把产品的生命周期划分为初创期、成长期、成熟期和衰退期四个阶段。如图2.3所示，在产业初创期，产品的市场接受度处于较低水平，商业战略实施不清晰，存在着高风险和许多企业破产事件，这一阶段对产品的技术水平要求较高，技术创新型国家对该类型产品具有绝对优势，在国际贸易中成为该类产品的输出国，与其发生贸易往来的主要为经济发展水平相近的国家，通过对新技术的模仿和学习，实现对新产品的技术跟随。在产业成长期，技术跟随国实现了技术的提升，同时本国竞争力不足的企业在市场竞争中被淘汰出局，产品的信息成本在降低，产品已被市场接受，技术路线被锁定，销售额和利润在加速增长，逐渐形成比较清晰的商业战略，实现了对新产品的进口替代，对新产品的进口量会逐渐减少，而技术创新国的出口量也会随之减少。当技术跟随国成为产品的主要出口国时，则产业进入成熟期，在这一阶段，行业盈利能力、数量规模、企业竞争战略和技术路线等处于稳定的状态，行业趋势与总体经济趋势相同。随着市场需求的不断扩大，产品在国际市场的进口量也大幅增加，新兴发展中国家也参与到产品的技术模仿替代中来，随之出现新兴发展中国家的净进口逐步增加。在产业衰退期，随着消费者偏好的改变和新技术的出现，产品的需求逐步减少，利润空间不断下降，满足全新需求的产品对当前产品实现替代，整个产业便进入了生命周期的最后阶段，当收入无法维持可变成本，切入固定成本时，产业最终走向消亡（费农，1986）。

产业生命周期理论揭示了产品在不同生命周期阶段的生产区域转移规律。从这个角度讲，产业产品生命周期理论往往用于指导和解释区域分工。而从产业转型升级的角度来看，在产业成熟后期阶段，技术的比较优势地位开始下降，产品的技术和生产设备变得比较便宜和易于操作，产业附加值也随之降低。为此，必须开发新产品、新的核心技术，使产业进入技术密集型的创新阶段，以此实现价值链、产业链的升级，进而推进整个产业体系的升级，同时带动经济发展向知识密集型转移。

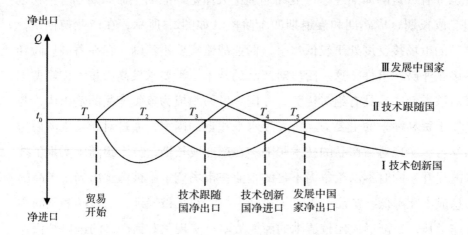

图2.3 产品生命周期与贸易模式图

2. 雁行发展理论

该理论是由日本经济学家赤松要（Kaname Akamatsu）于1960年提出的，阐释了日本经济通过贸易和替代性生产不断发展的过程。他认为后进国家在产业发展方面赶超先进国家时，其产业发展是按照"进口-国内生产-出口"的模式交替相继发展，产业结构的变化过程在图形上形似三只大雁在飞翔，因此称之为"雁行发展理论"。

产业的雁行发展理论具体表现为，第一阶段为后进国家大量进口工业制品所引发的进口浪潮。在第二阶段，随着进口刺激国内市场，国内工业的不断发展本国产品与进口工业品质量逐步趋同，从而引发国内生产浪潮。第三阶段为国内工业品的比较优势逐步扩大，促进了工业品出口的浪潮。赤松要的"雁行发展理论"对战后日本经济的复兴与发展、亚洲四小龙以及东盟各国的经济发展产生重要影响和指导作用。但是该理论阐释东亚国家依据雁行发展理论进行经济发展时，倡导的是典型的垂直型分工产业结构，其主要缺陷为以发达国家为雁头，后发国家承接发达国家所失去竞争力的产业和技术，产业结构的调整始终处于被动，无法实现跨越式发展。按照该理论的逻辑，后进国家将始终处在被"低端锁定"，无法追赶上发达国家。同时，该理论的前提假设为产业在国际间的转移过程中，产业的核心技术是稳定不变的，而当前在新产业革命的浪潮中，新兴技术出现重大突破，就从前的成熟技术而言，后进国家与发达国家的技术相去甚远，但对于即将启用的新技术，差距则没有那么明显，先进国家因存量包袱和对传统技术的依赖，有时会迟疑，而后进国家反而能够轻装上阵，提供赶超机会，因此这种国际产业转移的理论在技术创新在技术创新成为首要因素的情况下，已经失去了意义（赤松要，1986）。

2.2.3 区域产业结构理论

1. 产业、产业结构、区域产业结构

产业是指具有某种同类属性企业经济活动的集合。从范围上看，涵盖了具有同一属性的企业经济活动的总和。从演化上看，产业是一种社会分工的现象，随着社会生产力的不断提高，其内涵得到不断充实，外延也在不断扩大，不仅包括生产领域的活动，同时也包括流通领域的活动。从经营活动上看，既包括物质部门的生产、流通和服务活动，又包括信息、知识等非物质材料部门的生产、流通服务活动（张平，2015）。

产业结构是指国民经济中各产业部门之间的相互组合关系，以及各产业部门内部的构成。从广义上看，它包括各产业之间在生产规模上的相互比例和相互关联方式；从狭义上看，产业结构是建立在一般分工和特殊分工的基础上产生并发展起来的，以研究生产资料和生活资料两大部类之间的关系为主；从部门上看，产业结构主要研究农业、重工业、轻工业和服务业等部门之间的关系，以及各产业部门的内部关系。

区域产业结构是指区域经济中具有不同种类与发展功能的产业部门之间量的比例和质的联系。它由互相关联的不同产业所构成，是特定区域内各经济要素之间的相互联系和相互作用方式，是全国经济空间布局在特定区域组合的结果。区域产业结构通常表现为劳动力结构、投资结构和产值结构等。由于区域异质性的存在，不同经济区域的产业结构不尽相同，但一般可以按照产业组合方式进行区域产业结构类型的划分。某特定区域内拥有何种类型的产业结构，是由该特定区域的优势和在全国经济空间布局中的总体要求决定的（孙翠兰，2015）。

2. 区域产业结构的演进

区域产业结构理论的思想渊源可以追溯到17世纪，威廉·配第（Willian Petty）、弗朗斯瓦·魁奈（Francois Quesnay）等人的研究是重要的思想来源之一。科林·克拉克（C.G.Clark）于1940年在威廉·配第关于国民收入与劳动力流动关系学说的基础上提出了配第-克拉克定律。该理论指出，随着经济的发展，人均国民收入的提高，劳动力首先由第一产业向第二产业移动；当人均国民收入水平进一步提高时，劳动力向第三产业移动。劳动力最终在产业间的整体分布状况为：第一产业劳动力在各产业占比会减少，第二、三产业会增加。配第-克拉克定律阐释了劳动力转移的原因是经济发展中各产业之间出现收入（附加值）的相对差异，人们总是趋向于从低收入的产业向高收入的产业移动。

美国经济学家西蒙·库兹涅茨（Simon Kuznets）在配第-克拉克研究的基础上，通过对各国国民收入与劳动力在产业间分布结构的变化进行研究，提出了"库兹涅茨法则"，其内容为：随着时间的向前推移，第一产业的在整体国民收入的比重和在全部劳动力中的比重均处在不断下降之中；第二产业在整个国民收入中的比重上升是普遍现象，但由于不同国家工业化水平的不同，劳动力相对比重的变化综合来看是微增或没有大的变化；第三产业在全部劳动力中的比重基本上是上升的，但其在整个国民收入中的比重却不一定与劳动力的比重一样同步上升（李小建，2006）。

美国经济学家霍利斯·钱纳里（Hollis B.Chenery）运用回归的分析方法得出了产业结构的"标准发展模式"，钱纳里依据人均GDP水平将结构转变过程分为初级产品生产阶段、工业化阶段、发达经济阶段，并将这三个阶段细分为六个等级，该模式是大多数国家产业结构演进轨迹的综合描述，反映了产业结构演进过程的规律（钱纳里，1986）。

随着第一产业所占国民收入比重的逐步减少，第三产业日益扩张，产业演变理论出现了新的发展。其中，日本经济学家宫崎勇（Miyazaki）认为，原来的三次产业分类法无法把握产业结构的演变和发展趋势，为此，他提出了全新三大产业分类，其中包括物质生产部门、网络部门和知识服务部门。美国经济学家马克鲁普（F.Marchlup）在其《美国的知识生产和分配》一书中提出四次产业分类法，在三次产业划分法的基础上，从服务业中再划分出一个第四产业，即信息业。马克鲁普阐述了当前信息业在国民经济发展中的重要意义，并提出了对信息经济规模与结构比例的测度方法。马克·波拉特（Marc U.Porat）继承并拓展了马克鲁普的研究成果，通过对美国一百多年来四大产业就业人口结构的测算，发现原有三次产业划分法如果去掉信息业的比重后，增长趋势并不明显，真正导致服务业比重上升的原因是信息产业的飞速增长。因此，波拉特归纳的产业结构演进的总趋势是一次经历农业化阶段、工业化阶段和信息化阶段（骆正山，2007）。

3. 后工业社会理论的提出与反思

20世纪70年代以来，一些学者利用库兹涅茨的研究方法对70年代前后的产业结构进行研究，发现在60年代第一产业的国民收入和劳动力相对比重在西方发达国家依旧呈现下降趋势，进入70年代后，这种趋势有所减弱。而在第二产业，国民收入及劳动力的相对比重始终呈现下降趋势，尤其是传统工业在国名收入中的比重下降明显，第三产业国民收入和劳动力的相对比重始终处在上升阶段，其比重均超过了50%，经济学家们将这种现象称之为"经济服务化"。丹尼尔·贝尔（Daniel Bell）在其著作《后工业社会的到来-社会预测初探》一书中认为后工业社会首要的特征是大多数劳动力不再从事农业和制造业，而是转向从事服务业；专业技术人员派生的阶级处于社会主导地位；理论知识位于中心地位，后工业社会是围绕知识产生创新和变革，实施社会调控和指导而组织起来的（Dantel，1973）。

赵儒煜（1999）在《后工业社会反论》一书中，以美国、日本等工业国发展为例，以理论与事实为依据，反驳了贝尔的观点。赵儒煜认为，服务业的出现是为物质生产过程提供服务，以服务业为中心的后工业社会无法持续健康稳定地发展。从长期产业发展的角度看，服务业的发展是顺应工业发展带动相关经济和社会性服务部门的趋势而逐步兴盛的，单纯的服务业比重的提高，反而是因为实体经济的衰退，工业比重的下降抬升了服务业的比重，服务业比重上升不是真正的经济增长方式的转变，当前的德国工业4.0、美国再工业化，以及日本工业复兴、中国制造2025都验证了发展制造业对经济长期稳定发展的重要性。

2.2.4 区域产业空间理论

1. 产业区位理论

区位理论（location theory）主要研究经济活动的空间位置选择以及空间内经济活动的组合规律。区位理论是一个随着时代变动而不断发展完善的理论，从时间的尺度来看，区位理论可以分为古典区位理论和现代区位理论。

古典区位理论的代表人物是德国农业经济学家约翰·冯·杜能（Johan Heinrich von Thünen），他在阿瑟·杨（Arther Young）及泰尔（A.Thaer）所提出的生产要素配合比例和生产费用与收益关系，以及资本主义农业经营以获取利润最大化这一问题的基础上，于1826年出版的《孤立国同农业和国民经济之关系》一书中首次系统阐述了农业区位论的思想。其研究的主要内容是农业资本家在自由竞争的情况下如何布局自己的作物和耕作方式，从而取得最大化利润，每种农产品都有一条地租曲线，运输费用决定了曲线的斜率。杜能的农业区位论忽视了自然因素对农业生产的影响，更注重于强调成本的决定性作用，但只要在此基础上加入其他约束条件的考虑进行修正，对于当今探讨农业土地利用依然具有十分重要的意义（约翰·冯·杜能，1986）。

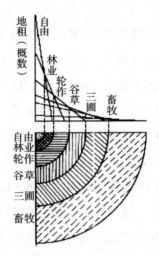

图2.4　杜能圈形成机制与圈层结构示意图

2. 工业区位理论

在第二次工业革命时期，近代工业快速发展，产业与人口向大城市集中，德国经济学家阿尔弗雷德·韦伯（Alfred Weber）在其1909年出版的《工业区位论：区位的纯粹理论》一书中，通过选择工业生产活动作为研究对象，探索其区域原理。韦伯创造性地提出了区位因子体系，即在特定区域影响经济活动所得收益可能性的因素或成本节约因素。韦伯指出产业布局需要考虑五个方面的因素：第一，原材料、燃料、动力、水、电及土地等条件能否满足产业布局的要求；第二，劳动力的供给及质量；第三，运费的高低；第四，市场的广阔度；第五，产业集聚是否有利于协作。在此基础上，由于不同产业对投入要素的需求条件不同，其选择的区位因子也不同，按照指向性划分，大体可分为运费指向型、劳动力成本指向型和集聚指向型，他认为集聚是由于经营规模的扩大或多种企业在空间上集中而产生的，集聚因子同劳动力成本、运费成本类似，都可以降低企业成本。韦伯首次将演绎法应用到工业区位研究中，建立了完善的工业区位理论体系，为后来学者的相关研究提供了理论基础（阿尔弗雷德·韦伯，1997）。

3.商业中心地理论

进入20世纪30年代，经济的高速发展加快了城市化的进程，城市在社会经济中逐步占据了主导地位，成为工业、商业、贸易和服务业的聚集点，德国地理学家克里斯塔勒（W.Christaller）在其重要著作《德国南部中心地原理》中提出中心地、中心性、货物的供给范围及中心地的等级的基本概念，任何企业的产品都会有一个最大的销售范围，并会占有一定范围的市场，即产品的最大销售界限，在市场原则、交通原则和行政原则的基础上，形成中心地系统各自的特征、差别以及适用的条件。克里斯塔勒运用演绎的思维方式从传统的区域描述转向研究空间法则和原理，有关中心地与市场空间的关系论述对研究区域结构具有重要的指导意义（沃尔特·克里斯塔勒，2011）。

廖什（August Losch）出版了《经济空间秩序》一书，该书成为区位论理论发展史上一部承前启后的专著。廖什总结了过往的区位理论，从静态单方面的农业区位和工业区位论，扩展为具有动态综合体系的空间经济理论，不仅从理论上把研究对象扩大到区位体系、市场区、区域劳动分工、区域经济和国际贸易等广大的领域，还涉及区位选择、地区规划和城市计划等方面的方法论。后来的学者又从不同的视角对区位理论进行研究，如成本-市场学派、社会学派、行为学派、计量学派、边际学派等，这些研究进一步推动了区位理论的不断完善（廖什，2010）。

4.产业集聚与产业集群理论

大量同一产业及其相关产业和辅助型机构于地理空间的集聚产生了产业集聚和集群的现象。这种网络联系密切的关系在一定程度上带来了知识、技术的溢出效应，促进整个行业生产效率的提升，产生了持续的竞争优势。

阿尔弗雷德·马歇尔（Alfred Marshall）在1890年首次提出了工业集聚和内部聚集的概念，并在其所著的《经济学原理》中提出了外部经济的概念，在此基础上阐述了工业集群产生的经济动因。他提出了产业集聚的三个原因，首先，集聚可以促进专业化的投入和服务的发展；其次，在特定空间内企业的集聚可以减少劳动力的短缺，确保区域内较低的失业率；最后，产业集聚可以产生正的外部性，技术、资金、劳动力和信息等均存在溢出效应，多个企业集聚后生产效率高于单一企业的生产效率，最终提升区域企业的竞争力。马歇尔所提出的工业集聚具有以下特点：以小型、当地企业为主，规模经济较低；区域内供应商和雇主贸易联系密切，本地供应商和雇主形成长期和合作的关系；劳动力主要来源于本区域，同时具有高度灵活性；专业化的金融、技术、工商服务由公司外的本区域提供。但是马歇尔的外部经济集聚理论仅适用于相同产业或相似产业，对于不同产业的集聚缺乏一定的解释力（马歇尔，1983）。

产业集群的概念是迈克尔·波特（Michael E.Porter）在1990年《国家竞争优势》一书中提出的，产业集群是指在产业发展的过程中，存在密切联系的企业和相关支撑机构在特定领域内所形成的产业群。这些产业群通过地理位置的集中和产业组织机构的优化，以群体效应的模式获得经济效应的竞争优势。基于区位优势、产业关联度等特征，产业集群分为横向产业集群、纵向产业集群和区位指向集群。波特指出，产业集群有以下优势：第一，产业集群存在外部经济效应，由于集群内企业数量众多，即使单个企业不具备突出优势，但集群内企业进行专业化的分工协作，生产效率大幅提升，产品出口到区域外的市场，从而使产业集群获得外部规模经济。第二，产业集群的发展有助于生产成本的节约，有效地节约了企业为获取中间产品而发生的搜寻成本和运输费用，中间产品专业性市场的形成还能有效地降低内生的交易费用，通过增加竞争，有效地降低中间产品交易中的不确定性，从而可以减少企业为提高合约条款的精确性所付出的成本，中间产品专业性市场的发展还有助于中间产品非人格市价的形成。第三，产业集群产生学习与创新效应。由于企业彼此接近，竞争愈加激烈，为了在市场中存活，一家企业的知识创新很容易外溢到区内的其他企业，引得其他企业竞相学习，从而使整个产业集群获得竞争优势。此外，产业集群也刺激了企业家才能的培育和新企业的诞生，产业集群的发展优化了传统产业发展的地域文化环境（迈克尔·波特，2002）。

2.3 区域空间结构相关理论

2.3.1 区域经济结构与空间结构

1. 区域空间结构

空间是一个多维度的概念，仅从地域范围的角度看，可以划分为计划空间和结构空间。计划空间即行政空间，是广义上国土的概念，在地理范围上多为静态的，且稳定性强；而结构空间又被称为经济空间，是区域内在经济与地理的客观联系，其结构是区域内不同等级的子体系内在经济联系的反映，这种反映随着地域的演变和内在联系的波动而发生结构上的变动，属于动态空间①。

区域空间结构的产生是经济活动克服地理空间约束形成相互联系与配合的体现，地理空间既提供了分散的基础，又提供了联系的基础，从而实现减低成本，提高经济效益。区域空间结构由点、线、网络和域面等基本要素组合而成，各基本要素有等级和层次之分，其影响力也不同。点是由区域经济活动在地理空间上集聚而形成的点状分布状态，如工业点、商业点、服务点及文化点等。由于行业客观上存在着集聚的需求，形成了以上点的分布状态，又由于点与点之间是相互联系的，进而吸引了人口、社会活动及其他生产要素的涌入，最终形成了集社会活动、经济活动和人口于一地的城镇。线是指区域内经济活动在地理空间上所呈现的线状分布状态，区域空间结构中的线是连接点的通道，从而连接不同点的经济活动。网络是将上述点与线在一定空间内连接起来的载体，能够产生超越单一点与线的功能。在一定的地理空间范围之内，经济活动联系、密集地面状分布状态则可以看作域面②。

区域空间结构不是单纯的空间框架，而是通过一定的空间组织形式将

① 郭鸿懋, 江曼琦, 陆军.城市空间经济学 [M].北京: 经济科学出版社, 2002: 22.

② 李小建.经济地理学（第二版）[M].北京: 高等教育出版社, 2006: 183-184

分散在地理空间的相关要素和资源连接起来，产生出更多的经济活动，如城市辐射的腹地区、农业区、各种市场形成的域面、城乡混合区，以及其他经济活动在一定地理空间范围内较密集地连续分布而形成的域面等，在充分连接的区域空间内能够产生出特有的经济效益，如节约经济、集聚经济和规模经济等。

2. 区域经济结构与空间结构的关系

区域空间结构主要是基于区域经济活动来进行研究的，主要讨论的是区域空间结构如何保证区域经济活动的组织，提升经济活动的效率。区域空间结构是区域经济活动中的空间结构，因为它能够使经济活动组合联系起来，当产业部门、主导产业和产业体系发生变化的时候，则会影响到空间结构的变化。因此，区域产业结构的变化会影响到区域空间结构，区域空间结构的演变常常是区域经济结构变化的结果。由此可见，区域地位的变化是由区域经济活动主要形式变化引起的，如工业结构或服务业结构上的演进使区域在整个空间结构中的地位提升。

当前，区域空间结构的演变的关注度较高，城市化和工业化的影响尤其令人关注，城市化主要体现在城市作为一个经济活动中心所形成的集聚经济和规模经济效应，工业化主要体现在产业结构演变的影响。城市化过程中人口、聚落形态、产业及文化等要素的转变的过程中，既存在着产业结构的变化，同时也存在着经济空间形态的变化。城市化增强了区域经济结构、社会结构和空间结构，从而推动区域经济和社会的演进。工业化实际上使区域经济结构由低级向高级连续变化的过程，在工业化过程中，工业部门不断产生、分化和发展，对农业部门进行根本性改造，与工业发展相关的经济和社会性服务部门也应运而生和不断发展，对区域空间结构的变迁和区域发展产生深远影响。据此，有关学者提出了经济结构-产业结构协同演化规律，分为四个阶段，第一阶段为低水平均衡阶段，该阶段经济活动处于分散、独立的状态，并在一定地域范围内构成内部封闭循环的空间单元；第二阶段为极核发展阶段，该阶段以经济、交通条件较好的城镇为基础，集中发展主要的基本部门，但区域经济基础依旧薄弱；第三阶段为扩散阶段，区域经济发展到一定基础的情况下，基本部门向前向、纵向发展，原有不同层次的活动在空间分布上发生变化，并在极核区域产生更高层次的活动，这些活动同时也向低等级的城镇扩散或涌现；第四阶段为高水平均衡阶段，在这一阶段，区域经济水平处于发达阶段，形成了多层次、多样化的基本部门体系和多中心、网络化、均衡化的空间结构（李小建，2006）。

2.3.2　区域空间溢出理论

在区域经济学中，空间已不仅是地理距离上的载体，而被视作一种经济资源，不同空间的资本、人力、信息和货物之间的相互流动产生了空间之间的相互关联与相互作用。由于不同地区产业结构存在差异，主导产业类型和产业水平不同，区域间产业生产过程中的变化会通过产业关联关系对其他产业产生波及作用，各个区域产业之间以不同的纽带为依托相互连接起来，构成了对区域经济影响的溢出效应。从微观的角度来看，空间对经济活动而言是看得见的壁垒或空间的分割，它以投入与产出市场之间的物质距离来表现，也就是最普通的运输成本。从宏观的角度来看，空间作为经济发展的"物质上的看得见的容器，或者说载体"的地理范围，它是与行政区域相联系的地理区域[①]。空间溢出是空间相互作用的一种形式，以外部性的方式表现出来，空间溢出效应能够将空间上存在地理距离的区域结合成具有一定结构和功能的空间体系。空间溢出分为直接溢出和间接溢出，直接溢出是指位于一个区域内的企业在其生产过程中仅受益于区域内部要素的积累，间接溢出是指一个区域要素的积累会提高区域外企业的生产与创新。

空间溢出效应的研究维度划分为三个不同类别，分别为产业内溢出、产业间溢出和空间技术溢出。产业内溢出是指在同一个产业内，各厂商之间的溢出，因为在同一产业内各厂商在生产经营中所需解决的问题具有相

---

① 卡佩罗.区域经济学[M].北京:经济管理出版社,2014.

似性或相关性，同产业内供应商、生产企业和客户之间的紧密互动是保证知识传递的基本条件和主要渠道，同一产业内的厂商可以通过学习相关技术经验来提升竞争力。由于厂商地理位置临近，彼此间生意往来频繁，产业内溢出还体现在企业相互合作更加便利，降低了交易费用，以及促使新技术能够更加迅速地在同一产业内传播。

产业间溢出发生在相互联系或影响的不同产业间，而不是同一产业，在某类相关产品提供生产或服务的过程中，通过生产要素的流动为上述各产业带来的额外的收益。产业间溢出更多产生在地理位置靠近、产业相对多样化的区域，因此也被称为多样化溢出[①]。

空间技术溢出是技术在空间的扩散方式，将创新活动的目的与创新活动本身的规模报酬递增联系起来。跨部门的知识交融、消费者与供给者的动态交流、研究单位与生产单位的协作，在特定的区域，单个企业的技术创新不局限于其自身收益，通过技术的扩散，其他企业竞相学习与模仿，使整个区域内的其他企业技术创新能力得到提升[②]。

2.4　自组织理论

自组织理论是关于在没有外部指令条件下，系统内部各子系统之间能自行按照某种规则形成一定的结构或功能的自组织现象的一种理论，主要研究区域系统从初始的不稳定状态向最终的有序状态演化的过程与规律。

关于区域经济学领域自组织能力的形成，从微观的角度看，由于分工水平的提高，专业化程度越来越高，产品的种类也就越多，使用市场来进行组织生产存在着交易费用，因此各个经济系统为节省交易费用，则形成了买卖劳动相关的企业制度，随之出现了企业以及企业集团，使用企业组织生产的好处是避免了使用市场，也就避免了支付部分寻找上下游供应

---

① 秦可德.空间溢出、吸收能力与我国区域新兴产业发展[D].上海：华东师范大学，2014.

② Jacobs J.The Economy of Cities[M].New York：Vintage，1969.

商的费用，自组织理论在微观上主要讨论的还是企业自发降低交易费用的行为。

从宏观的角度看，区域经济的发展的过程普遍存在转换期，具有显著的阶段性特征，转换期出现在区域产业结构和技术结构重大变化的时期，微观上企业组织的进一步完善、企业集团的出现、生产部门的增多、技术结构的变化进而扩大到宏观上产业结构的不断升级以及经济系统受到外力影响后借助内在因素的相互作用恢复原状或者向另一种形态转移，都是区域自组织形成和不断完善的过程。具有较强自组织能力的区域具有更加完善的企业制度和进入退出机制、独立的创新能力、更为完善的产业结构，这些共同构成了区域的自组织能力[①]。

---

① 杨小凯、黄有光：专业化与经济组织[M].北京：经济科学出版社，1999.

第3章　关于区域经济韧性的理论探讨

本章基于不完全市场、区域异质性、开放经济、新产业革命和可持续发展的研究前提，通过对已有文献的梳理，对区域经济韧性的概念进行界定，并归纳了区域经济韧性的构成要素、类型、形成机理及强化路径，确立了本书的理论分析框架。

3.1　研究的前提

为充分说明区域经济韧性的内涵及其形成机理，本书设定如下研究前提。

第一，区域经济韧性的研究以不完全竞争市场为基本前提。传统经济学往往以完全竞争市场经济为理论前提，其基本限定包括市场上有许多交易相同产品的买者与卖者、企业可以自由进入与退出市场、信息是完全对称的等内容。然而在现实中从未出现过完全竞争市场的状态，在完全竞争市场下，任何一种商品的价格都会自发调整，使该物品的供给与需求达到平衡，没有定量配给、资源闲置，也没有超额供给或超额需求，所以也就不需要进行产业技术创新来追求市场优势，不存在因产业技术进步而带来的经济模式的转换。使用完全竞争市场和它并不适应的事实相结合，不仅导致关于事实的错误理论，也使理论变得模糊。因此，本书从经济现实出发，设定研究前提为不完全市场经济。其基本内容包括：经济活动中不存在无限的供给和需求；厂商进入市场受到空间、政策、技术和成本等各种阻碍；产品存在可替代性，但本质上存在异质性；生产者和消费者存在着交易费用的干扰（赵儒煜，2017）。

第二，空间异质性决定了不同区域的经济运行模式具有不同的特征和机理。当前学者一般假设空间是均质的，空间均质假设抽象掉了地理形态及要素禀赋的不均衡分布等特征，专注于研究一个完全均质化的空间。但在区域资源配置的研究中，要素的分布这一变量不可忽视，非均质空间分析假设强调经济要素在不平坦空间上的非均匀分布。传统的区域分工理论都假设了要素禀赋的非均质特征，要素禀赋的差异才是专业化分工从而进行贸易的基本条件之一。不同的空间区位具有不同的要素禀赋，不同区位的要素禀赋的差异必然造成不完全的要素市场结构。

第三，开放经济是区域经济韧性不可或缺的一个前提。随着生产力的发展和世界贸易组织、国际货币基金组织、世界银行等世界经济组织的建立，世界经济进入了开放经济高度发达的阶段。在开放经济中，要素、商品与服务可以自由地跨国界流动，从而实现市场资源优化配置。专业化的分工创造了更多财富，但没有开放经济的前提，分工便无法进行。同时，一个特定区域经济模式的转换不仅着眼于内部资源禀赋和市场需求，还要从世界市场的角度去分析问题，抓住外部机遇。

第四，可持续发展是关于自然、科技、经济和社会协调发展的理论和战略。作为一项科学发展观基本要求，早在20世纪80年代就由国际自然保护同盟提出。在传统发展观的影响下，人们把区域经济增长等同于区域发展，单纯的通过资本、劳动及技术进步等手段来拉动，而现代产业体系并不是一成不变的，而是随着技术进步、社会环境变化而不断变化的。当前社会一味追求经济增长速度，严重破坏了区域系统内部的结构和平衡，导致人口、资源、环境间矛盾日益尖锐，人类的生活质量和生存环境产生危机。经济发展与生态环境间的对立关系必然引导着未来产业技术向环境友好、资源可再生的方向进步。

第五，新产业革命是当前区域经济韧性的重要影响因素。新工业革命是以人工智能、清洁能源、机器人技术、量子信息技术、虚拟现实以及生物技术为主的全新技术革命[①]。新产业革命是产品生命周期内整个价值链的组织与调控上升到一个新阶段。在循环周期内，首先根据消费者与日俱增的个人需求进行研发与制造，之后将产品提供给消费者，最后进行产品的再循环，其中包括与其相关的服务[②]。新产业革命意味着整个价值链的组织与调控进入一个新阶段，这不仅对工业的生产方式进行了根本性的转变，同时也会为人们的生活方式和人际交往方式带来一定的变化。与此同时，资源成本优势、产业规模优势和劳动力成本的优势将会被减弱，劳动力素质的重要性将会大大提升，低技能生产对工业经济的重要性也会下降。新产业革命将对全球的工业生产发展产生深刻影响，引发一场关系各个国家和企业未来的竞争，同时也为落后地区赶超发达地区既提供了历史性的机遇，也带来了挑战。

3.2 区域经济韧性的界定及其构成

3.2.1 区域经济韧性的内涵

本书将区域经济韧性的概念界定为区域经济系统应对外来冲击以维持或改善原有经济运行模式的能力。一般情况下，区域经济韧性可以分为抵抗力和重构力两种形态。抵抗力是指区域经济系统在受到外部要素冲击时保持原有经济运行模式不变的能力，多表现为区域经济受到地震等自然灾害时恢复到原有状态下的能力。重构力是指区域经济系统在改变其经济运行模式的外部非自然要素冲击下，重构其经济运行模式中受到冲击的相关部分，形成新的经济运行模式并实现经济增长的能力。

韧性是固有的属性，对于特定物质而言，韧性是由它的基本元素、分子式及其内部结构形态所决定的，例如实心的铁球、实心的像皮球和空

---

① 第四次工业革命［EB/OL］.https://baike.baidu.com/item/第四次工业革命/2983084?fr=aladdin, 2019.

② 乌尔里希·森德勒.无边际的新工业革命［M］.北京: 中信出版社, 2015: 19.

心的橡皮球的韧性不同，这些不同的韧性都是这些物体所固有的属性决定的。同理，区域经济的韧性也是固有的属性，并不是受到外来冲击时才具有的能力，而是在区域经济正常运行的过程中自我形成的，这种属性也会因区域经济系统内部特征和结构的不同而形成不同的能力，这种能力不仅有强弱之分，还有在不同领域此强彼弱的结构之别。例如，经济发达的东部地区，应对外部冲击时，比经济基础差、回转余地小的区域要更加从容；而东部地区民营企业发达，国有企业少，在应对国有企业改革时，要比东北等国有企业占比高、对计划体制依附强的区域有更强的韧性；当前东部发达地区技术水平高、新兴产业多、投资能力强，在面对新产业革命、国家要求建设现代化产业体系等外部冲击之际，就要比以传统工业为主、技术水平低、区域创新能力差的中西部、东北等区域有更强的韧性。因此，韧性是物质固有的属性，不论外来冲击存在与否一直存在。同理，区域经济韧性也是区域经济系统固有的能力，不论外来冲击存在与否，一直存在，只是在外来冲击出现之后呈现出不同的表现方式。一般情况下，区域经济系统在受到外部冲击后，表现出来的韧性为抵抗力和重构力。

抵抗力是指区域经济系统在受到外部要素冲击时保持原有经济运行模式不变的能力。在此，外部冲击包括自然灾害等不可抗力的非经济类要素冲击，以及市场要素的冲击、政策冲击，当外部冲击没有带来改变原有经济运行模式的强烈压力的情况下，区域经济系统在受到冲击后以恢复到原来的经济状态为目标，而具有这样的能力并成功恢复到原来经济运行模式的经济体，视为具有较强的抵抗力。当然，市场性和政策性的要素也会给区域经济增长带来冲击，但是这种冲击由于区域异质性的存在，不同的区域反应程度存在差异。某些冲击恰好对特定的区域经济系统运行模式影响甚微，那么这个特定区域经济系统不需要改变运行模式，或者说表现出不受到这个外力冲击的特征，这个特定的区域经济系统就对这种外力表现出很强的抵抗力，例如：国际市场某种特定产品需求的变化对于该种产品外贸依存度低的区域影响很低，再如，环境规制政策出台后对于以服务业为主的区域体系而言冲击力很小。现实中的抵抗力往往体现为在区域经济系统受到地震等自然灾害冲击时恢复到原有经济运行模式，因为这种自然灾害并不要求做重大调整。

重构力是指区域经济系统在改变其经济运行模式的外部非自然要素冲击下，重构其经济运行模式中受到冲击的相关部分，形成新的经济运行模式并实现经济增长的能力。重构力往往是在受到经济运行模式有重要变革要求的冲击时所体现的，这种外部冲击往往是非不可抗力的市场冲击或政策造成的，例如，2008年金融危机以来，东部沿海多地对外贸易依存度较高，使得其出口受挫，区域经济增长短期下行，但随着这些区域积极融入"一带一路"倡议，开发国际市场，并推动供给侧结构改革以适应国内消费结构升级的需要，体现出较强的重构力。环境规制对于许多重工业地区造成的冲击大，必须要求产业转型升级，东北经济所表现的区域经济韧性不足，归根结底是重构力不足的问题。当前东北经济面对国有企业改革、中国入世以及2008年金融危机诱发的世界市场萎缩、新产业革命兴起、供给侧结构改革等重大的市场及政策剧变的时候，体现的也是重构力不足的问题。

总之，区域经济韧性是区域经济系统应对外来冲击以维持或改善原有经济运行模式的能力，它是区域经济系统固有的属性，无论外来冲击存在与否都存在的固有属性，包括抵抗力和重构力两种表现形式。

3.2.2　区域经济韧性的构成要素

如前所述，区域经济韧性是区域经济系统的固有属性，是在区域经济正常运行的过程中自我形成的，要考查区域经济韧性，就要考查构成区域经济韧性的要素的区域经济系统。区域经济韧性的构成因素，在于区域经济系统内部。区域经济系统是指在一定地域范围内各种经济活动有机组合的统一体，包括需求系统、供给系统和社会系统。区域经济系统是区域经济韧性的物质载体，所有的区域经济韧性都是区域经济系统体现出来的韧性。但是，需求系统和政策系统并不是区域经济韧性的主要构成因素。

首先，需求系统是一个区域经济系统的内生变量，但需求市场具有非区域性，市场是公开的，需求是具有普遍意义的要素，没有区域市场与非区域市场之分。即便是选择了区域市场的需求，也应该看到这个区域市场并非是专属于该区域企业的，而是整个世界市场的一部分而已[①]。一个区域的内部市场固然对一个区域的经济增长有一定的稳定作用，但这种情形的根本原因在于区域供给系统能够符合区域需求市场的需要且具有足够的竞争力去占据区域市场，同时需求又是市场中最活跃的力量，也是对区域韧性造成冲击的主要力量，因此本书认为，区域需求系统不是构成区域经济韧性的构成要素。

其次，政策系统在特定区域内存在一定的市场分割性的保护政策，但在大多数情形下，无论是国家的区域性优惠政策还是地方保护政策，区域保护政策往往只是在一定程度上延缓外部力量的冲击，并不具备在本质上对外部冲击产生的根本性的转变意义。而在保护政策之外，来自国家和地方的产业政策、环境政策及要素政策等都将构成对区域经济运行模式的冲击。这些政策限制了低端技术产业的生存，推动经济增长模式从破坏环境、消耗不可再生资源的现状向保护环境、节省资源、使用可再生资源的方向发展，迫使粗放型经济发展的区域完成产业转型升级。在这个意义上，政策体系也应视为给区域经济韧性带来冲击的外部力量之一，而不是构成区域经济韧性的主要部分。

因此，一个区域经济韧性的构成要素，主要在于区域供给系统和支撑区域供给系统的社会系统。

供给系统是指一个区域经济体的产业系统，包括区域经济的产业技术体系和产业空间体系[②]。产业技术体系是指一个区域因技术相关性而形成的、在生产活动过程中具有紧密联系的产业体系。产业技术体系的韧性由资源、技术、产业链、主导产业及产业体系等要素构成。

在此，资源不仅包括本地自然资源、人力资本，也包括外来流动的人

---

① 赵儒煜，范家辉，陈强.论东北老工业基地产业转型升级—兼及吉林省的选择与对策研究[J].东北亚经济研究，2018（02）：74-91.

② 赵儒煜，肖芮文.东北地区现代产业体系建设与全面振兴[J].经济纵横，2019（09）：30-46.

力资源和金融资本等。例如，煤炭、石油、钢铁等自然资源对于那些自然资源依存度较高的区域或资源型城市而言，其丰裕度对该区域经济的韧性影响就在于当其受到相关资源要素冲击时，自有资源丰裕的区域，对外部市场资源供给变动的抗打击能力较强；而自有资源枯竭的区域，则可能直接受到资源枯竭、大宗商品市场震荡的影响造成经济衰退。相比之下，以人力资本、金融资本等获取性资源为主的区域，受自然资源的影响较低。东北地区有较多的资源型城市因资源枯竭，被迫改变经济运行模式，而由于其对原有资源禀赋、发展路径过于依赖，造成城市转型困难，表现出较低的经济韧性。

区域产业技术水平既包括一个区域特定产业的技术水平，也包括由此带来的本地产业在特定产业中产业链的定位和构建状况。强大的产业技术水平能够引导区域实现以传统产业为主导向以高端技术产业为主导的变革，产业技术水平较低的区域更容易走上对原来的发展路径、要素利用方式、制度框架的依赖的路线。东北地区由于没有大力"开源"进行自主核心技术的研发与创新，而是一味注资扶植传统优势产业，造成技术水平低下，在新产业革命的冲击下变得不堪一击，相比之下，东部发达地区技术水平高、新兴产业多、投资能力强，在面对市场要素等外部冲击时，比以传统工业为主、技术水平低、区域创新能力差的区域有更强的韧性。

主导产业的定位则决定了区域产业技术体系的定位与效率，高端的主导产业往往拥有高端技术，占据高端的价值链，建有高端的产业链，可以构建先进的产业体系。相对低端的产业体系往往易于受到产业技术升级、需求结构升级等的冲击，恢复至原经济运行模式的能力较差。当前东北地区以重化工业产业体系为主，且多集中在钢铁、煤炭等产能过剩行业，新兴产业发展滞后，科技与经济发展融合度低，低端的产业体系使东北地区经济系统具有极强的脆弱性。

产业空间体系是指区域内的产业空间分布状态及空间组合形式，包括产业集聚、产业集群以及在此基础上形成的城市空间结构。不同或相同产业在空间上相互连接，功能上相互补充，实现空间优化配置和经济活动在空间上的合理组合，从而克服空间距离对经济活动的约束，降低成本，提高经济效益。通常情况下，产业集聚、集群发展的产业具有较强的韧性，经济联系紧密的城市群因其经济活动的相互支撑，要比经济联系松散的城市群或一城独大的城市空间结构更具抗冲击的能力[①]。当前东北地区城市群建设薄弱，抵御外部冲击能力相对低下。

社会系统包括区域创新体系、社会教育体系、社会保障体系、社会文化及环境承载力等主要元素。其中，区域创新体系是特定地域空间内，围绕技术创新，以生产企业和产业技术的研发机构、指导机构和服务机构为主要组成要素，由不同创新单位共同构成的组织系统。完备而高效的区域创新体系更有利于区域经济体在冲击后的调整与回归。社会教育体系除一般学历教育体系外，还包括人才培育体系、教育管理体系、师资培训体系及教育科研体系等。良好的教育体系可以提高人的基本素质，为区域创新体系提供人才保障，从而提高区域经济体应对外部冲击的能力。社会保障体系由社会福利、社会保险、社会救助、社会优抚和安置等各项不同性质、作用和形式的社会保障制度构成，为区域社会稳定提供重要保障[②]。社会文化与经济韧性相关的是创新文化和企业家文化等内容，其中，企业家将高新技术、风险资本、投资机构、人力资源有机结合，有效促进技术和资本的紧密联系，可以加快科技技术转化为生产力[③]。环境承载力是指区域环境对人类社会、经济活动的支持能力的限度。由于重化工业技术体系对环境的破坏，一些区域已经不再适宜开发或属于限制开发区域，这在一定程度上制约了其经济增长方式的调整，但也迫使其向可持续发展的发展转型升级。

---

① 赵儒煜,肖茜文.东北地区现代产业体系建设与全面振兴[J].经济纵横,2019(09):30-46.
② 奚洁人.科学发展观百科辞典[M].上海:上海辞书出版社,2007.
③ 刘亮.区域创新、创业与经济增长[M].上海:复旦大学出版社,2012.

3.3　区域经济韧性的类型

区域经济系统保持原有运行方式稳定或向新运行方式转型,其韧性的表现方式共有三种不同类型,分别为脆弱型区域经济韧性、复原型区域经济韧性和创新型区域经济韧性。

3.3.1　脆弱型区域经济韧性

脆弱型区域经济韧性是指原来的经济运行模式在被冲击后被打断,无法回到从前的增长方式和速度中去。主要包括两种表现形式,第一种如图3.1所示,经济增长努力回复到了原来的运行模式,但发展水平不如受冲击前。第二种如图3.2所示,经济增长方式与增长速度均低于受冲击之前,这种发展态势表现为区域经济的衰退。图3.1和图3.2反映了区域在经济发展到一定阶段后,由于低效率的增长方式长期延续,成本优势逐步丧失,在低端市场难以与低成本区域竞争,但在中高端市场则由于技术水平和人力资本条件制约,难以与高技术区域抗衡,逐步失去了经济增长的动力,导致经济发展停滞。

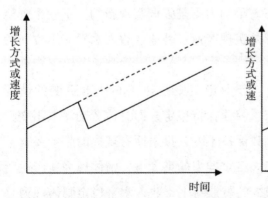

图3.1　脆弱型区域经济韧性形态1

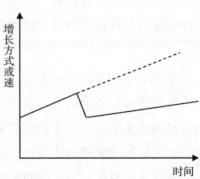

图3.2　脆弱型区域经济韧性形态2

3.3.2 复原型区域经济韧性

复原型区域经济韧性主要表现为区域经济系统并不受到冲击或扰动的影响，依然延续原来的增长方式和增长速度，或者是增长过程和速度虽然被打断，区域经济系统受到外力影响后借助内在因素的相互作用，迅速恢复到原来的增长速度和增长方式，如图3.3所示。

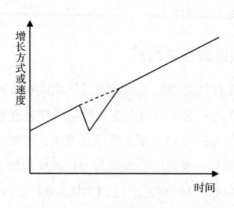

图3.3　复原型区域经济韧性形态

在这一表现形式中，区域经济的抵抗力是强调区域经济系统实现当前稳态经济的过程，市场都是存在边界的，当一个市场的供给已经达到了边界，产生饱和，就必须通过创造新的需求来使经济继续发展下去，抵抗力往往是临界点的一种特殊状态，重构力则是强调实现新的（下一个）稳态经济的能力。其最终的目的都是实现产业、就业、收入水平三个方面的稳定。

在原有的稳态经济基础上，产业稳定则是在核心技术不变的情况下，依然能够满足当前市场需求、就业保持稳定，即总体劳动需求不变，在抵抗力的维度下，则是生产函数保持不变，投入原有规模的生产要素，产量不变，且供求能够达到均衡。在重构力的维度下，则体现为新产业所带来的新增就业与淘汰产业所减少的就业持平，收入水平稳定则体现为总体收入不变、行业整体利润率不变或者新产业新增收入创造与淘汰产业收入持平。

3.3.3　创新型区域经济韧性

创新型区域经济韧性主要表现为区域经济的运行模式虽然在冲击后中断，在通过调整区域经济结构，完成产业转型升级实现经济增长速度的快速恢复，以效率更高的增长方式运行，如图3.4和图3.5所示。[①]

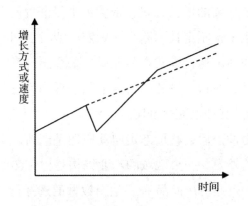 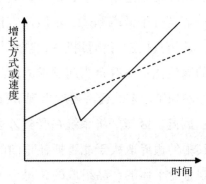

图3.4　创新型区域经济韧性形态1　　　**图3.5　创新型区域经济韧性形态2**

创新型区域经济韧性是建立在新的稳态经济的基础上的，在产业、就业、收入水平这三个维度上，由于产业完成了转型升级，存在着淘汰产业，产业稳定难以实现；在就业方面，从某些产业和部门来看，技术进步存在着排出劳动力需求的情况，但技术进步也为劳动力市场提供了新的外部环境，使劳动力市场在特定的技术条件下运行，也会出现吸引劳动力的情况，因此在就业方面是否实现稳定存在不确定性。在收入方面，由于新产业替代旧产业，劳动生产率提高，劳动力的边际收入提升，带来总收入的增加。

从短周期的波动来看，区域经济系统更多体现的是复原型经济韧性，对于遇到临时的非系统性风险，从前的增长方式依然可以存留，如1997年亚洲金融危机后，东南亚各国的货币大幅贬值，通过削减财政赤字以

[①]　图3.1、3.2、3.3、3.4、3.5的资料来源：Simmie J, Martin R.2010. The economic resilience of regions: Towards an evolutionary approach［J］. Cambridge Journal of Regions, Economy and Society, 2010, 3（1）: 27-43.

及IMF给予借款协助资金周转，很快就恢复了出口竞争力，实现了经济的复苏，因此对于短周期波动的复原型区域经济韧性的形态是存在价值的。而对于长周期的波动在正向的外力出现时，如果未能合理利用外力所带来的机遇，找准新产业革命的方向，朝着数字化、信息化、智能化和绿色化升级，经济运行模式未能实现创新，而是对原来的发展路径、要素利用方式、制度框架过度依赖，即使回到了从前的增长方式，依然追求投资规模将产业定位于低端制造，由政府直接干预制定技术路线，确定产业发展门类，甚至直接进行项目投资，这样的经济运行模式在复原后，仍会出现产业的同质化及不符合当前需求的产品，在新一轮的冲击后依旧会表现为衰退，2014年起东北经济再次出现下行态势便已充分证明。

因此，区域经济系统在受到外力冲击后，其形态走向复原还是创新，这其中的边界取决于能否抓住正向的外力，一个区域的产业结构是由许多微观企业个体的产品组成的，每一个企业对产品品种、生产数量的选择行为形成了一个区域的产业结构，企业在选择产品与产量时，遵循利益最大化的规律，生产高附加值的产品，从微观上看，是企业对提升自身竞争力，对满足现阶段需求高质量产品的选择，从产业体系的层面则是依靠技术进步，实现生产过程的加工方式创新、最终产品创新、产业创新，就是产业升级，从运行模式上看，则是运行模式的转型即朝着资源节约型、环境友好型、可持续发展的运行模式转变，既包括外在载体带来的产业体系的发展，也包括内涵上技术进步带来的经济运行模式的转变。对于短周期的波动，当前的运行模式不存在问题的情况下，只是外部因素导致的经济增长过程的放缓，区域经济系统走向复原存在价值。对于长周期的波动，以资源拉动型、重化工业体系为主的运行模式则必须进行创新来寻求转型，忽视创新和技术进步，固守在旧模式的发展道路上，从长期而言依旧会难以为继。

3.4　区域经济韧性应对外部冲击的机理分析

3.4.1　区域经济系统的外部冲击

对区域经济韧性形成外部冲击的因素主要包括以下几种：

第一，自然灾害等不可抗力，主要是指地震、洪水、暴雨等自然灾害以及突发的公共卫生事件，如SARS、甲型H1N1流感、新型冠状病毒感染的肺炎等带来的冲击。自然灾害是影响区域协调发展的一个重要因素，其总是在一定区域内发生，随着区域经济的逐步发展，自然灾害带来的损失也进一步增加，对区域经济的可持续发展造成重大的影响。我国是自然灾害频发的地区，处于温带大陆性气候和温带海洋性气候的交互地带，气候多变，地质结构复杂，导致地震、火山、泥石流、洪水、台风等自然灾害频繁出现，近年来城市化进程的加快也进一步加剧了自然灾害的风险。人员流动速度加快，病毒不断变异使突发的公共卫生事件变得频繁[①]。

第二，市场要素的冲击包括需求结构变化、市场总量的变化、技术进步、产业的创新与消亡和产业体系调整。

需求结构的冲击则是由于人们收入的提升而产生的需求变化，随着产品的生命周期的出现，原有的消费品已不符合当前需求，而新的符合当前需求的消费品无法及时供应所产生的"供需错配"的情况。市场总量的变化体现为由于经济的萧条或者突发性的经济危机而导致的需求的大幅度变化。

技术革命包括新技术引领的产业革命和产品需求结构的变化带来的旧产品的淘汰。当前以人工智能、清洁能源、机器人技术、量子信息技术、虚拟现实以及生物技术为主的全新技术革命对不可持续的重化工业产业体系的技术体系进行根本性的革命，将大量依赖自然资源，环境不友好，不符合可持续发展要求的产业淘汰出市场。同时，具有重大意义的技

---

① 刘丹.弹性城市的规划理念与方法研究 [D].杭州: 浙江大学, 2015.

术创新将带来产业的创新与消亡，从而推动产业体系的调整、经济体系的重新构建。

第三，政策要素冲击，其中包括产业政策的冲击和有关生产要素政策的冲击。产业政策冲击主要是为解决当前社会存在的矛盾对政策进行调整，改变原有的市场格局，对原有行业造成影响，例如为解决交通拥堵问题对汽车销量的限制以及对新能源汽车政策的扶持，给传统汽车产业带来的冲击。对生产要素政策的冲击包括税收政策、新劳动合同法、金融紧缩政策和环境规制。税收政策主要是强化社保费用的征收，由于社保费用支出连年上升，强化征收社保费对企业运营成本的提升。新劳动合同法则提高了劳动力价格，增加了企业经营成本，进而减少了民间投资。金融紧缩政策包括对银行准备金率的提升，限制了资金的流动性，同时定向调控规定贷款只能流向某些企业或行业，导致企业的融资成本提升。环境规制会提高企业的内部成本，企业必须对产品结构、管理模式和技术水平等进行优化来平衡所增加的成本，加速了企业优胜劣汰，结构调整的步伐。

第四，环境要素冲击，其中包括资源冲击和环境污染。资源冲击的主要表现有资源枯竭以及资源的供应渠道冲击。资源枯竭即当前经济社会发展与资源环境约束之间的矛盾日益突出，仍有大量城市尚未摆脱资源依赖的发展路径，主导产业的发展围绕着不可再生资源，对单一不可再生自然资源的依赖，使区域经济发展面临愈加严峻的资源环境的挑战和增长效率的制约。资源供应渠道的冲击包括资源供给渠道的冲击、国际贸易冲突、大宗商品市场价格的震荡和资源对外依存度的逐年提高，都会对区域经济的稳定运行产生影响。环境污染则是由于重化工业体系破坏环境，带来的一系列对生产、生活成本的提升。

3.4.2　区域经济韧性的机理

如上所述，区域经济韧性主要包括区域供给系统和社会系统。其中，由区域产业技术体系与空间体系构成的区域供给体系是最核心的构成要素，区域社会系统是区域供给系统的支撑体系。

第一，区域供给系统是应对自然灾害的关键要素。自然灾害因其种类不同，破坏方式也不尽相同。如地震等灾害主要是破坏地表建筑物并由此带来人民物质和生命财产损失，其对农业破坏程度不高，但对工业破坏程度因地震强度而异。随之而来的则是震后重建，可见区域经济对地震的韧性因震区是农业为主还是工业为主的供给系统特征而异，重建则因该地区乃至周边地区甚至全国供给系统在建筑业、工业等产业的生产能力而异。如为水旱灾害，则主要影响的是农业领域，该地区供给系统中的农业部分生产力水平成为韧性的关键。工业化程度高的农业生产系统，受自然灾害的影响就会小很多；反之，靠天吃饭的低水平农业则会受到巨大打击。突发的公共卫生事件在短期内将极大地影响区域的交通运输和对外贸易等相关产业，传染性的疾病会对周边经济体产生巨大影响，其中城市规模较大、外向型经济发达的区域受到影响更为明显。因此，无论是何种不可抗力，一个区域的供给系统技术水平、产业结构等都是其区域经济韧性的核心构成内容。

第二，区域供给系统是市场需求的主要冲击对象，也是应对区域需求变化的核心力量。市场需求的冲击也因类型不同，对供给系统的影响也不同，这种冲击主要体现为需求总量的变化和需求结构升级的变化。

市场总量的变化体现为由于经济的萧条或者突发性的经济危机而导致的需求量的大幅度变化，会对企业短期效益以及区域的经济总量带来冲击。区域经济对市场总量变化的韧性取决于区域当前的技术储备、物资储备是否有足够多的积累，是否有足够的深度来抵御外来的冲击。例如，当某一原材料价格上升或资源枯竭时，由于事先有足够的资源储备，使得其经济运行过程不受影响。对于积累丰富的区域，通过局部的调整，使区域经济回到原来的经济增长框架之中是可以实现的，特别是在遇到短周期危机、非系统性风险的情况下，从前的运行模式依然可以存留。因此，产业体系所构建的供给系统决定了市场需求冲击对区域经济的破坏力，是应对区域需求变化的核心力量。

由于人们收入的提升对新产品、新功能等的需求带来的需求结构变化会对区域产业体系产生冲击，需求结构的升级对产品的制造工艺、制造技术提出了全新的要求，区域经济对需求结构的韧性是由区域产业体系的先进性决定的。构建先进的产业体系的区域能够更好地抵御需求结构变化带来的冲击，相对低端的产业体系往往易于受到产业技术升级、需求结构升级等的冲击，恢复至原经济运行模式的能力较差。

第三，区域供给系统是产业技术冲击的直接部门，产业技术创新能力也是应对技术变革冲击的关键所在。新产业革命的到来推翻既有的陈旧体系，对传统产业技术、能源、材料形成替代，产业技术冲击影响着当前产业体系的构成，对传统重化工业体系的产业技术带来直接冲击，产业技术冲击改变了原有主导产业的选择以及其在价值链、产业链中的地位，进而影响产业体系的构建。区域经济面对产业技术冲击，其韧性的体现在于是否具有强大的产业技术创新能力，其决定了产业转型升级的必要性、可能性，具有强大技术创新能力的区域能够更好地实现从以传统产业为主导向以高端技术产业为主导的变革，所以实现产业升级是其依靠"韧性"实现回归经济增长过程的最终方式。缺乏技术创新能力的区域更容易走上对原来的发展路径、要素利用方式、制度框架的依赖的路线，过度追求投资规模，依然将产业定位于低端制造，依靠政策支持吃饭，仍会出现产业技术落后、产品赶不上需求结构升级步伐等问题，其结果必然是经济无法回到原来的增长过程中，更无法实现跨越式的转型升级。

第四，区域供给系统是政策冲击的直接对象，也是应对政策冲击的物质基础。一国的经济政策、产业政策、环境规制政策及区域开发政策等都会直接对区域产业体系产生冲击。其中，产业政策影响着产业发展的方向，从限制的角度推动了产业技术从破坏环境、消耗不可再生资源的现状向保护环境、节省资源、使用可再生资源的方向发展。生产要素政策的冲击提高了企业的内部成本，压缩了低端产业技术的生存空间，加速了企业优胜劣汰、结构调整的步伐。由资源枯竭引起的资源冲击对依靠资源型产业发展的区域带来巨大冲击。环境规制的目的是改善环境绩效，但同时也加大了企业的生产成本，对区域高污染的产业造成影响。应对产业、生产要素及资源环境政策带来的冲击，建设经济社会可持续发展的产业体系是构建韧性区域的物质基础，应通过技术创新，实现生产过程的加工方式创新、最终产品创新、产业创新，从而实现对资源使用效率低下、环境破坏效果严重的产业的淘汰，抵御政策风险。

第五，区域社会系统是区域供给系统的支撑，在产业技术创新方面是决定区域供给系统是否具有底力的决定性因素。城市空间作为吸引人的基本载体，为产业技术创新创造了物质前提，社会教育系统作为人力资本形成的主要方式，不仅可以通过提高一国或地区的人力资本水平促进经济发展，还能够推动技术进步、自主创新。完善的社会保障制度通过收入再分配兼顾社会公平，分散劳动者可能遇到的各种风险，起到维护社会稳定和安全的作用。信息平台等基础设施的完备与否在相当大的程度上决定着一个区域产业发展对社会环境是否有利，随着信息技术的进步，市场信息传递更加便利、快速，使得市场需求的变化得以更加及时、准确地传递给供给方，推动生产者更好地回应需求的变化，从而推动产业技术的创新。以生产企业和产业技术的研发机构、指导机构和服务机构为主要组成要素所构成的区域创新体系通过与环境的作用和系统自组织作用维持技术创新的运行并实现区域产业技术的创新发展。因此，产业创新能力的持续出现离不开人力资本、区域创新体系、制度环境、社会福利及信息社会等要素的支持，这些要素为培育产业技术创新提供了外部环境和物质前提。

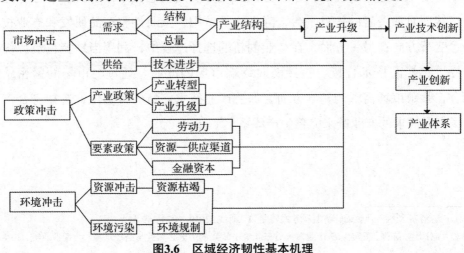

图3.6 区域经济韧性基本机理

3.5　区域经济韧性的强化路径

3.5.1　产业体系调整与韧性重建

具有强大技术创新能力的区域能够更好地实现从以传统产业为主导向以高端技术产业为主导的变革，产业升级是其依靠"韧性"实现回归经济增长过程的最终方式，因此建设以需求为导向的现代产业技术体系是强化区域经济韧性的重点。首先，在产业链上向高技术含量、高附加值的领域延伸。在一个不确定的外部环境中，企业需要拓宽业务模式，从而与外部风险共处，发展模式要从竞争模式转向共生模式，从规模增长转为价值增长，用创新驱动逐步替代投资驱动。其次，加快产品技术的换代升级，由一般基础加工制造技术向关键工艺、关键零部件、关键装备制造的技术升级[①]。最后，创建新兴产业。新兴产业是指关系到产业优化升级和国民经济社会发展，具有长远性、全局性、导向性和动态性特征的产业。在新产业革命背景下，主要包括数字化、机器人、人工智能、生物医药、先进制造业及量子信息科学等。同时要充分发挥市场在资源配置中的决定性作用，让市场来推进产业链建设，一方面要充分利用信息技术的优势，构建企业直接面对消费者的信息平台，降低交易费用，及时调整产品研发和产业技术变革方向；另一方面，在产业创新的选择过程中，利用当地特色资源优势，选择高技术含量、直接面向终端市场的产业。通过与市场的紧密结合，紧跟市场需求的基本方向，保持产业技术创新的常态化，选择符合市场发展需求的产业链来完善生产体系[②]。

---

①　陈清泰.新兴产业驱动经济发展方式转变[J].前线，2010（07）：49-52.

②　赵儒煜，陈强，王媛玉.从产业发展看东北经济复兴的历史必然性与路径选择[J].商业研究，2018（05）：1-11.

3.5.2　产业空间优化与韧性溢出

产业空间优化应从空间异质性出发。就空间布局而言，应大力推动城市群的建设，特别是奠定首位城市在城市群的核心作用，充分发挥其资源集中、辐射能力强、技术创新体制完善、空间品质优良的优势。就产业空间而言，在受空间约束较少的产业链部分，应充分利用经济区经济网络纽带的作用，整合产业链，降低交易成本；在空间约束较强的领域，可加速交通物流体系建设，以技术进步压缩客观空间间隔带来的不利影响[①]。

区域经济运行模式发生转变，其产业结构的变化不仅决定本区域，也决定着其他区域能否走上全新的增长态势，这一过程存在着溢出效应。首位城市通过技术创新实现产业由低端向高端的转换，从而带动周边区域从低端分工的链条环节向高端分工的链条环节转换，通过产业空间优化的传导，整个区域经济系统的产业最终共同构成一个紧密结合、相互支撑、高效运行的有机组织。

3.5.3　社会系统调整与韧性支撑

社会系统的调整为提升区域经济韧性起到支撑作用，也为培育产业技术创新提供了外部环境和物质前提。在人力资本层面，应根据不同类型人才的特点，实施分类引导策略，为人才提供施展才华的事业平台，盘活当前区域的人才存量，同时采取各项优惠政策积极吸引人才涌入，在人才政策上加大倾斜力度，包括工资待遇、住房医疗、科研项目及职称评定等方面。

在区域创新体系层面，应加大研发投入，实行激励科学发展和技术创新的政策，其中包括完善科技创新体制、发展风险投资、实施鼓励技术开发投入的财政税收政策、鼓励产学研结合，以及增加教育和科研投入，着力突破制约产业发展的关键技术领域，由技术的模仿学习阶段转向技术自立阶段。随着产业竞争力的提升，人才自然就会更多进入，从而进一步使

[①]　赵儒煜，肖茜文.东北地区现代产业体系建设与全面振兴［J］.经济纵横，2019（09）：30-46.

技术创新能力得到提升。在吸引人才的同时也要利用当前的人才存量促进创新成果转化，支持在区域高校、科研院所、国家重点实验室和技术研究中心，围绕信息网络、生物工程、新能源、新材料及大数据等领域开展科技攻关和科技创新，集中力量突破一批产业核心技术。更不能忽视对知识产权的保护，加大知识产权保护和监管力度，推进建立知识产权第三方评估体系，为专利转让、知识产权质押等创造公平环境，提升创新动力。

在制度环境层面，既要创造条件鼓励现有企业的技术进步和新兴企业的崛起及扩张，同时也要为曾经辉煌但已落后的企业开启退出通道，使有效资源流向高效率的企业中，确保社会整体资源的平均效率处在上升之中。政府也应加速转变职能，在完善法制的市场环境、保护私有产权、破除行政垄断、维护公平竞争及完善社会保障制度等方面积极作为。

第4章　东北地区经济韧性的演进与现状分析

　　区域经济韧性是区域经济系统应对外来冲击的能力，是长期积累的结果，每次冲击都是这种能力积累过程的一部分，都会带来能力的调整。在新的历史条件下，能力又会面临新的挑战。东北地区自新中国成立，就形成了重化工业为主、基础产业为主、技术长期停滞、对计划经济严重依赖的供给系统和社会系统。改革开放以来，东北地区经历了三次外部冲击，推动了东北地区经济韧性的调整和发展。经济韧性是经济系统的固有属性，主要体现在供给系统与社会系统两个层面。在此，供给系统包括区域经济的产业技术体系和产业空间体系，社会系统包括区域创新体系、社会教育体系、社会保障体系、社会文化及环境承载力等主要元素。但是由于资料的局限性，本书主要分析代表供给系统中产业技术体系和产业空间体系的产业技术水平、主导产业和空间结构的经济联系和效率以及反映产业竞争力的贸易问题，反映社会系统对供给系统影响较大的区域创新体系。并从东北地区产业体系的空间结构、贸易体系和创新体系四个层面深入剖析了当前的发展状况和存在的主要问题。

4.1　东北地区经济韧性的演进

　　改革开放以来，东北地区主要经历了三次外部冲击，三次冲击中，表现出来的经济韧性基本上属于脆弱型，在许多政策指向下通常向复原型经济韧性转变。

4.1.1 改革开放初期的经济韧性

区域经济韧性主要体现在供给系统和社会系统上，供给系统的核心是产业技术体系和产业空间体系，社会系统的核心是区域创新体系。改革开放初期，长期处于计划经济体制下的东北老工业基地在体制转轨的进程中改革滞后，步履维艰，经济增长以资本和劳动力要素拉动为主。在这一阶段，区域经济系统的构成要素具体表现为：在产业结构上，主要表现在工业部门占中心地位，但有下降趋势；农业部门比重虽然处在下降过程中，但仍然占比较大；服务部门比重不断提高。具体见表4.1。在工业部门内部，重工业占绝对优势，是该地区工业的主体，如表4.2所示。

表4.1　1993—2001年东北三省产业结构变迁

产业部门比重	省份	年份								
		1993	1994	1995	1996	1997	1998	1999	2000	2001
农业部门比重/%	辽宁	12.97	12.96	13.20	15.00	13.90	13.70	12.48	10.78	10.80
	吉林	21.72	27.66	26.90	28.10	25.40	27.60	25.36	21.89	20.10
	黑龙江	16.56	21.82	22.50	19.40	17.90	16.30	13.02	10.97	11.50
工业部门比重/%	辽宁	51.68	51.14	49.40	48.70	50.00	47.80	47.98	50.21	48.50
	吉林	48.85	42.32	40.40	40.60	39.80	38.30	40.23	43.94	43.30
	黑龙江	54.22	52.99	47.00	53.30	53.50	53.20	54.80	57.44	56.10
服务部门比重/%	辽宁	35.35	35.90	37.40	36.30	36.10	38.50	39.54	39.01	40.70
	吉林	29.43	30.02	32.60	31.30	34.80	34.10	34.40	34.16	36.50
	黑龙江	29.22	25.19	30.50	27.30	28.60	30.50	32.18	31.58	32.40

数据来源：中国国家统计局官网。

表4.2　1993—2001年东北三省重工业产值比重

省份	年份						
	1993	1994	1997	1998	1999	2000	2001
辽宁	80%	77%	85%	84%	83%	83%	82%
吉林	74%	73%	87%	74%	76%	78%	79%
黑龙江	77%	77%	91%	77%	77%	82%	81%

数据来源：中国工业经济数据库，辽宁、吉林、黑龙江省历年统计公报。

在主导产业上，重工业中的采掘、冶金、机械、化学和建材工业都形成了一定规模，其中，机械、石油、化学和冶金等工业部门的产值占东北地区工业总产值的近67.56%，占全国各大区之首。1998年，东北三省工业总产值11 070.78亿元，占全国的9.30%，其中，重工业产值4 756.2亿元，占全国重工业总产值的12.3%，轻工业总产值1 356.86亿元，仅占全国的4.67%[①]。

在产业技术水平上，1989年，东北三省技术水平仅为全国平均水平的67.7%；20世纪80年代末，东北三省技术对工业增长的贡献率为30.1%，低于全国平均水平8.7个百分点，而发达国家一般达到70%以上；资金对工业增长的贡献率达40%以上，而全国平均水平仅为33.8%[②]。产业技术水平发展缓慢，同时设备老化严重，在研发经费的支出上严重不足，研发经费占全国比重常年在7%上下浮动，如表4.3所示。

表4.3　1998—2006年东北三省研发经费占全国比重

省份	年份								
	1998	1999	2000	2001	2002	2003	2004	2005	2006
辽宁	3.97%	3.99%	4.65%	5.55%	5.30%	6.49%	6.84%	7.67%	8.50%
吉林	1.82%	1.59%	1.69%	1.94%	2.79%	2.71%	3.63%	4.24%	3.81%
黑龙江	1.33%	1.29%	1.00%	1.38%	1.09%	1.06%	1.40%	2.26%	2.97%
东北三省	7.13%	6.18%	6.67%	7.21%	6.13%	6.03%	6.44%	6.48%	6.32%

数据来源：中国科技部，中国国家统计局和中国国家发展和改革委员会。

在产业空间体系上，随着改革开放的不断推进，工业布局基本展开，但主要分布在中部地带，1998年工业产值的地区分布为：辽宁省占60.29%、吉林省占15.43%、黑龙江省占24.28%。由于各省工业部门结构不同、受产品价格不甚合理的影响，加工工业比重大的省份所占比率偏高，原材料比重大的省份比率偏低，从而形成了东北地区工业地域分布上的"二元结构"。

在对外贸易上，自我国实施对外开放政策以来，在中央政府阶段

---

① 根据《吉林、辽宁、黑龙江、中国统计年鉴》1999年版数据整理。

② 衣保中，富燕妮，赵儒煜，廉晓梅.中国东北区域经济[M].长春：吉林大学出版社，2000：152.

开放、梯次开放的倾斜政策影响下，沿海地区的经济发展速度明显快于内陆地区，在对外贸易方面尤为明显，对外贸易规模较大的省份主要集中在沿海地区，但东北地区在全国对外贸易中所占比重一直处于较低水平。就东北地区内部而言，三省都实现了对外贸易的不断增长，辽宁省由于临海优势，成为对外开放的最大受益者，对外贸易发展迅速，相比之下，吉林省和黑龙江省无论是在对外贸易总量还是在增长速度上都明显落后，如表4.4的示。

表4.4 1990—1999年东北三省外贸增长变动   单位：亿美元

年份	黑龙江		吉林		辽宁		合计	
	贸易额	同比增长	贸易额	同比增长	贸易额	同比增长	贸易额	同比增长
1990	14.9	5.7%	9.5	0.9%	63.2	18.4%	87.6	13.9%
1991	20.2	35.6%	13.5	41.6%	67.3	6.5%	101	15.3%
1992	28.8	42.6%	19.2	42.5%	76.6	13.8%	124.6	23.4%
1993	33	14.6%	29.8	55.0%	84.6	10.4%	147.4	18.3%
1994	24.3	−26.4%	36.1	21.2%	97	14.7%	157.4	6.8%
1995	23.9	−1.7%	27.1	−24.8%	109.9	13.3%	160.9	2.2%
1996	24.5	2.5%	28.4	4.5%	112.5	2.4%	165.4	2.8%
1997	24.6	0.4%	18.5	−34.6%	129.6	15.2%	172.7	4.5%
1998	20.1	−18.3%	16.5	−10.9%	127.4	−1.7%	164	−5.1%
1999	21.9	9.0%	22.2	34.1%	137.3	7.8%	181.4	10.6%

数据来源：中国国家统计局。

在区域创新体系上，这一阶段东北三省的教育、科研力量比较雄厚，到1998年底，共拥有高等院校140所，在校人数近13.7万人，分别占全国的13.6%和33.7%；科研机构1 708个，其中国家级775个，同时东北三省在冶金、机械、资源开发、医药及光学仪器等应用领域和化学、物理等基础理论研究方面有明显优势（刘力等，2000）。1993年以前，东北三省专利授权数占全国比重始终处在15%左右，但随后呈现出逐年下滑的趋势，截至2000年，研发人员比重常年处在10%上下，如表4.5和表4.6所示。

表4.5　1990—2000年东北三省专利授权数占全国比重

省份	年份										
	1990	1991	1992	1993	1994	1995	1996	1997	1998	1999	2000
辽宁	9.25%	8.94%	8.37%	7.56%	6.83%	6.55%	6.07%	5.66%	5.15%	5.33%	5.08%
吉林	3.22%	2.58%	2.75%	2.31%	2.31%	1.97%	1.69%	1.46%	1.71%	1.68%	1.73%
黑龙江	3.42%	3.15%	3.36%	3.47%	3.71%	3.35%	2.98%	2.78%	2.47%	2.58%	2.36%
东北三省	15.89%	14.67%	14.48%	13.34%	12.85%	11.87%	10.73%	9.90%	9.34%	9.59%	9.18%

数据来源：中国科技部、中国国家统计局。

表4.6　1990—2000年东北三省研发人员占全国比重

省份	年份										
	1990	1991	1992	1993	1994	1995	1996	1997	1998	1999	2000
辽宁	5.45%	5.24%	5.31%	5.25%	5.29%	5.25%	5.24%	5.19%	5.08%	5.01%	4.59%
吉林	2.99%	3.01%	2.94%	2.95%	2.92%	2.84%	2.95%	2.92%	2.86%	2.90%	2.99%
黑龙江	2.59%	2.55%	2.57%	2.50%	2.44%	2.37%	2.32%	2.31%	2.33%	2.34%	2.37%
东北三省	11.03%	10.80%	10.82%	10.70%	10.65%	10.46%	10.51%	10.42%	10.27%	10.25%	9.96%

数据来源：中国科技部、中国国家统计局。

东北地区改革开放初期形成的经济系统在20世纪90年代面临第一次外部冲击，渐进式进行的改革开放使东部沿海地区率先发展以及国外相关产业的大批涌入，对东北老工业基地带来巨大冲击，东北地区传统优势产业面对强大的世界市场与国际竞争逐步衰退。这种冲击的主要体现为传统的工业部门产值在全国所占比重逐年下滑，优势产业在全国的地位下降明显。国有计划经济体制下对资源不合理地开采、利用的粗放，工业企业高消耗、高能耗、高污染的运行模式，使得东北地区的结构性矛盾异常突出。同时，中国的经济结构进入转向阶段，对传统能源、原材料等产品的需求趋于下降，导致重工业企业产品库存积压，收不抵支，这对以重工业为主体的东北地区影响尤为明显，东北经济陷入困境，成本压力的传导令大批国有企业社会负担沉重，经济亏损额居高不下，处于破产边缘，众多职工面临下岗失业。

在第一次冲击下，东北三省1989—1995年GDP平均增速连续7年低于全国平均水平，其中影响最为严重的是第二产业，在区域产业竞争中，技术优势的丧失使东北地区出现工业企业改造的挑战。东北三省以重工业为主的产业结构，资本拉动性强，在经济转轨时期，国家资金分发格局发生变化，中央资金供应减少，地方和企业自筹资金机制尚未形成，使资金短缺问题愈加严重，严重制约着企业的技术改造和产品的更新换代，削弱了产业的竞争力，而生产设备更新缓慢、生产工艺落后及产品品种过时使得1990—1998年东北地区第二产业产值增速远低于国家平均水平，显现出脆弱型的经济韧性。受产能过剩、冗员过多、产业结构调整等因素的影响，国有企业的改制工作相继展开，通过拍卖、承包等方式，将国营部分企业转为民间经营或进行重组，同时精简人员，节省开支，通过自身的力量由脆弱型向复原型经济韧性转变。在此类措施下，东北地区工业经济类型结构发生了一定变化，主要表现在国有工业比重下降和非国有工业比重的明显上升，1998年与1985年相比，国有企业总产值比重下降34.88%，资产比重下降23.35%，从业人员比重下降0.64%，非国有工业比重则表现为相同程度的上升，如图4.1和图4.2所示。非国有工业的发展提高了东北地区工业经济的整体实力，实现了经济结构由单一公有制向多元化过渡，市场经济体制的不断完善使得东北地区经济韧性逐步走向复原。

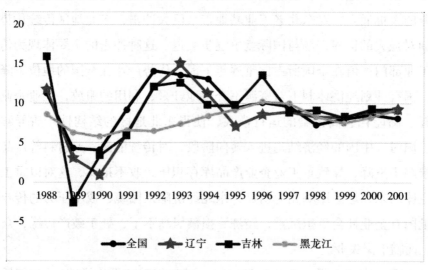

图4.1 东北三省GDP增速与全国对比

数据来源：中国国家统计局。

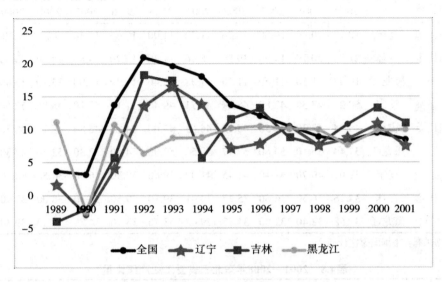

图4.2 东北三省工业产值增速与全国对比

数据来源：中国国家统计局。

4.1.2 "入世"阶段的经济韧性

20世纪末，东北地区通过对国有企业的改革，开始逐步向市场经济体制转轨，与东北亚国家展开经济合作，东北地区开始冲破封闭型经济，外向型经济比重提高，但由于体制和结构问题的严重制约，老工业基地脆弱型经济韧性再次凸显。在这一阶段，区域经济系统的构成要素具体表现为：在产业结构上，主要表现为工业部门占中心地位，并保持稳定；农业部门比重也处在逐年下降的过程中；服务部门比重不断提高，如表4.7所示。在工业部门内部，重工业依旧是东北地区的主体，2001—2008年东北三省重工业比重均超过了75%，如表4.8所示。

表4.7　2000—2009年东北三省产业结构变迁

产业部门比重	省份	年份									
		2000	2001	2002	2003	2004	2005	2006	2007	2008	2009
农业部门比重/%	辽宁	10.78	10.80	10.80	10.26	11.20	11.00	10.60	10.30	9.70	9.30
	吉林	21.89	20.10	19.90	19.30	18.96	17.30	15.70	14.80	14.30	13.50
	黑龙江	10.97	11.50	11.60	11.30	11.08	12.40	11.90	13.00	13.10	13.40
工业部门比重/%	辽宁	50.21	48.50	47.80	48.29	47.71	49.40	51.10	53.10	55.80	52.00
	吉林	43.94	43.30	43.50	45.33	46.63	43.60	44.80	46.80	47.70	48.70
	黑龙江	57.44	56.10	55.60	57.17	59.50	53.90	54.40	52.30	52.50	47.30
服务部门比重/%	辽宁	39.01	40.70	41.40	41.45	41.09	39.60	38.30	36.60	34.50	38.70
	吉林	34.16	36.50	36.60	35.37	34.41	39.10	39.50	38.30	38.00	37.90
	黑龙江	31.58	32.40	32.80	31.53	29.42	33.70	33.70	34.70	34.40	39.30

数据来源：中国国家统计局。

表4.8　2001—2008年东北三省重工业产值比重

省份	年份						
	2001	2002	2003	2005	2006	2007	2008
辽宁	82%	80%	83%	83%	83%	82%	82%
吉林	79%	79%	81%	79%	79%	78%	75%
黑龙江	81%	79%	80%	82%	83%	82%	80%

数据来源：中国工业经济数据库，辽宁省、吉林省、黑龙江省历年统计公报。

在主导产业上，2001年东北三省采掘业和原料工业产值之和占工业总产值的比重达51.93%。其中，黑龙江省所占比重最高，为67.46%，其次为辽宁省，达到51.79%，最低的吉林省，比重也达到32.40%。依托资源产业发展的东北工业在主导产业方面偏重工业，而电子信息等高新技术产业发展迟缓。从工业生产内部分析，长期以来，采掘工业、原材料工业与加工工业比例严重失调，原材料工业比重过大，加工工业能力不足，深加工和精加工产品少，初级产品居多。由于产品加工程度低、附加值低，造成竞争力不强，主要工业品在全国的市场占有率多数在下降。1998—2001年，14种主要工业品只有3种市场占有率上升，即汽车、金属切削机床和水泥；市场占有率下降的产品达11种，如化学纤维、塑料树脂及共聚物、碳酸钠、化肥、农药、钢、成品钢材、彩电及平板玻璃等（张新颖等，2006）。

在产业技术水平上，东北地区大中型企业设备老化严重、技术水平提高缓慢、创新水平低下等问题依旧十分突出，虽然大中型企业通过多次技术改造，生产效率得到了一定的提高，但技术水平落后问题依然是困扰企业发展的突出问题。同时，高技术产业缺失严重，其中，高技术产业在全国所占比例较低，且呈现出不断下降的趋势，1999—2009年，东北三省高技术产业主营业务收入占全国比重由6.05%下降到3.57%，如表4.9所示。

表4.9　1999—2009年东北三省高技术产业主营业务收入占全国比重

省份	年份										
	1999	2000	2001	2002	2003	2004	2005	2006	2007	2008	2009
辽宁	3.52%	3.52%	3.09%	3.02%	2.49%	2.04%	1.79%	1.73%	1.96%	2.01%	2.17%
吉林	0.87%	0.80%	0.72%	0.67%	0.52%	0.41%	0.43%	0.45%	0.50%	0.65%	0.80%
黑龙江	1.65%	1.66%	1.38%	1.38%	1.23%	0.51%	0.92%	0.55%	0.55%	0.56%	0.60%
东北三省	6.05%	5.98%	5.19%	5.07%	4.24%	2.97%	3.15%	2.73%	3.01%	3.21%	3.57%

数据来源：中国科技部，中国国家统计局和中国国家发展和改革委员会。

在产业空间体系上，在这一阶段，东北地区的对外开放经过十余年的发展和各省的探索，广开沿边地区口岸，大力开放沿边（沿海）城市，发挥城市在产业空间体系上的带动作用。同时还建立各种形式的经济开发区，包括高新技术产业开发区、边境经济合作区等，初步形成外向型的产业空间体系。

在对外贸易上，这一阶段由于东北对外开放的程度的提高，东北地区对外贸易实现了持续增长，并取得了历史性的突破。其中辽宁省以一般贸易和进料加工为主，二者在辽宁省对外贸易中占绝对重要位置，在进口中二者所占比重合计达70%以上，而在出口中所占比重更高达80%以上。吉林省的对外贸易中，一般贸易所占比重较高，2006年一般贸易在出口中所占比重为63.63%，而进口中所占比重高达86.46%，2005年外商投资企业作为投资进口的设备、物品所占比重达到了13.06%。其他贸易形式所占比重均较低,这也反映出吉林省贸易形式单一的问题。黑龙江省边境小额贸易所占比重较高,以2006年为例,全省边境小额贸易分别占进出口总额、出口总额、进口总额的36.18%、36.27%、36.02%,是仅次于一般贸易的第二大贸易形式。2001—2009年东弱三省外贸增长变动见表4.10。

表4.10　2000—2009年东北三省外贸增长变动　　　　单位:亿美元

年份	黑龙江		吉林		辽宁		合计	
	贸易额	同比增长	贸易额	同比增长	贸易额	同比增长	贸易额	同比增长
2000	29.9	36.5%	25.5	15.2%	190.2	38.5%	245.6	35.4%
2001	33.9	13.4%	31.3	22.7%	199.1	4.7%	264.3	7.6%
2002	43.5	28.3%	37.1	18.3%	217.4	9.2%	298	12.7%
2003	53.3	22.5%	61.7	66.5%	265.6	22.2%	380.6	27.7%
2004	67.9	27.4%	67.9	10.1%	344.4	29.7%	480.2	26.2%
2005	95.7	40.9%	65.3	-3.9%	410.1	19.1%	571.1	18.9%
2006	128.6	34.4%	79.1	21.1%	483.9	18.0%	691.6	21.1%
2007	173.0	0.3%	103.0	0.3%	594.7	0.2%	870.7	0.3%
2008	231.3	0.3%	133.3	0.3%	724.3	0.2%	1089.0	0.3%
2009	162.3	-0.3%	117.4	-0.1%	629.3	-0.1%	909.1	-0.2%

数据来源:中国国家统计局。

在区域创新体系上,从科技成果的绝对数量而言,区域创新体系在东北地区尚有一席之地和发展潜力,但在相对数量方面,其地位却在不断下降。2001—2009年,东北三省专利授权数占全国比重由7.85%下降到4.10%,2001—2009年,东北三省研发人员占全国比重由9.76%下降到7.61%,高技术人才的流失和创新动力的趋势使得东北三省区域创新能力进一步下降,如表4.11和表4.12所示。

表4.11　2001—2009年东北三省专利授权数占全国比重

省份	年份								
	2001	2002	2003	2004	2005	2006	2007	2008	2009
辽宁	4.48%	4.06%	3.78%	3.80%	3.61%	3.31%	3.19%	3.03%	2.43%
吉林	1.45%	1.34%	1.13%	1.42%	1.18%	1.04%	0.95%	0.85%	0.65%
黑龙江	1.88%	1.86%	1.87%	1.86%	1.69%	1.62%	1.43%	1.30%	1.01%
东北三省	7.82%	7.26%	6.78%	7.07%	6.48%	5.96%	5.56%	5.17%	4.10%

数据来源：中国科技部、中国国家统计局。

表4.12　2001—2009年东北三省研发人员占全国比重

省份	年份								
	2001	2002	2003	2004	2005	2006	2007	2008	2009
辽宁	4.41%	4.35%	4.20%	3.90%	3.75%	3.59%	3.34%	3.26%	3.24%
吉林	2.86%	2.68%	2.71%	2.56%	2.50%	2.39%	2.18%	2.12%	2.10%
黑龙江	2.49%	2.58%	2.58%	2.51%	2.50%	2.54%	2.38%	2.37%	2.28%
东北三省	9.76%	9.60%	9.49%	8.97%	8.75%	8.51%	7.90%	7.75%	7.61%

数据来源：中国科技部、中国国家统计局。

入世后的东北地区经济系统迎来了第二次外部冲击，东北经济出现全面衰退的迹象，被称为"新东北现象"。东北企业面临着与国际市场正面竞争的激烈挑战，尤其对农业冲击最为严重，东北地区的农产品受到了来自内外的双重压力，农产品产生大量积压，内销困难，出口受阻，农业减产严重。同时，在与中美市场准入协议所签订的产品清单中，涉及辽宁省重工业基地的品类高达34类444种，分别占全国总数的77.3%和55.6%。其中，价格和税率变化与国内平均水平大体相同的有13类48种，变化幅度高于国内平均水平的多达10类294种，变化幅度低于国内平均水平的只有11类102种（宋冬林，2004）。在第二次冲击下，东北地区传统优势产业彻底失去了原有的地位，而新兴产业的发展因高昂的交易成本处处受限，发展速度缓慢。缺少了政策保护的国有企业在市场竞争中节节溃败，国有企业主营业务收入比重逐年下滑，私有企业因受到各种行政壁垒的阻碍，成长速度缓慢。随着地方支柱产业数量的减少，东北地区在全国乃至世界范围内的竞争力也逐渐减弱，其中第一产业受到冲击尤为严重。2000年，第一产业增加值一度出现了负增长，其他产业如煤炭、石油、钢铁及木材等资源型产业以及纺织、化工、机械制造及交通运输等一系列制造业，均在冲击中呈现出衰退的趋势，但由于产业技术水平、产品定位及冲击大小的不同，受到冲击的幅度也不尽相同。在此情形下，国家出台了振兴东北老工业基地战略，从2003年10月中共中央、国务院印发《中共中央、国务院关于实施东北地区等老工业基地振兴战略的若干意见》开始，东北地区多次受到国家政策扶持，加速东北地区产业调整与改造进程。在此背景下，2004—2013年，东北地区经济走势有所回升，逐步缩小了与全国的发展差距，同时在资源型城市经济转型、棚户区改造、老工业区改造及基础设施建设等方面取得了显著成绩，促进了城市转型和城镇化发展。但这种以投资型拉动为主的经济增长方式缺少技术创新能力的培育，仅靠政府投资维系，从增速上看似是从脆弱型经济韧性回到了复原型经济韧性，但区域经济系统遇到新的外部冲击时，还会走向衰退。1981—2014年东北地区主要产业产值在全国的比重见图4.3。

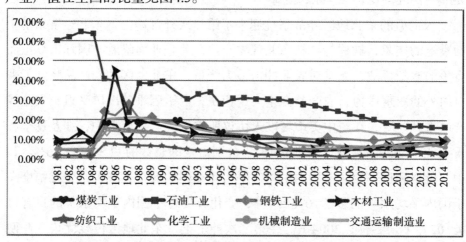

图4.3　1981—2014 年东北地区主要产业产值在全国的比重

数据来源：1982—2015 年全国及辽宁省、吉林省、黑龙江省统计年鉴。

4.1.3　现阶段的经济韧性

第一轮东北振兴战略虽然使东北地区经济走势有所回升，GDP增长速度一度高于全国平均水平，但并没有从根本上解决问题，政策支持的重点领域实质上依旧是对原有落后产能和技术进行改造。在地方支柱产业受到产能过剩冲击的情况下，没有大力"开源"，进行自主核心技术的研发与创新，而是依旧寻求政府扶持与保护，仍延续着以往的生产运营模式，即便有些产业引入外来资本，也缺乏掌握核心技术的能力，长期处于价值链低端。在当前阶段，韧性主要依旧体现在供给系统、社会系统层面。具体而言，在产业结构上，主要表现为三省工业部门呈现出逐年下降趋势；黑龙江省农业部门比重逐年上升，辽宁比重保持不变，吉林省比重逐年下降；三省服务部门比重不断提高，如表4.13所示。在工业部门内部，重工业依旧是东北地区的主体，吉林省与黑龙江省重工业产值处在逐年下降阶段，辽宁省则始终保持在80%上下，见表4.14。现阶段重工业比重尽管偏大，但是已经取得一定的改观，这主要表现为战略性新兴产业发展加快，以及传统产业比重在逐渐降低，辽宁省装备制造业已成为最大工业行业，超过了石化工业以及冶金工业，而吉林省和黑龙江省工业依旧以交通运输制造业和石油工业为主。

表4.13　2010—2018年东北三省产业结构变迁

产业部门比重	省份	年份								
		2010	2011	2012	2013	2014	2015	2016	2017	2018
农业部门比重/%	辽宁	8.80	8.60	8.68	8.60	8.00	8.32	9.77	8.13	8.03
	吉林	12.10	12.10	11.83	11.60	11.00	11.35	10.14	7.33	7.70
	黑龙江	12.60	13.50	15.44	17.50	17.40	17.46	17.36	18.65	18.34
工业部门比重/%	辽宁	54.10	54.70	53.25	52.70	50.20	45.49	38.69	39.30	39.60
	吉林	52.00	53.10	53.41	52.80	52.80	49.82	47.41	46.83	42.53
	黑龙江	50.20	50.30	44.10	41.10	36.90	31.81	28.60	25.53	24.64
服务部门比重/%	辽宁	37.10	36.70	38.07	38.70	41.80	46.19	51.55	52.57	52.37
	吉林	35.90	34.80	34.76	35.50	36.20	38.83	42.45	45.84	49.77
	黑龙江	37.20	36.20	40.47	41.40	45.80	50.73	54.04	55.82	57.10

数据来源：中国国家统计局。

表4.14 2009—2015年东北三省重工业产值比重

省份	年份						
	2009	2010	2011	2012	2013	2014	2015
辽宁	81%	81%	81%	81%	80%	80%	80%
吉林	74%	74%	72%	71%	70%	69%	68%
黑龙江	75%	75%	73%	70%	66%	64%	59%

数据来源：中国工业经济数据库，辽宁、吉林、黑龙江省历年统计公报。

在主导产业上，传统产业部门仍占据主导地位，从2015年产业产值来看，辽宁省的机械制造业、化学工业及钢铁工业排在前列。吉林省的交通运输制造业一柱擎天，产值达到5 171.17亿元，远高于第二位的化学工业。黑龙江省的农业、石油工业和批发零售业则名列前茅，从产业体系内部来看，石油化工等资源型产业由于其不可再生性以及造成的资源枯竭、环境污染等问题需要转型，汽车、钢铁、机械等传统制造业也因需求冲击、供给侧结构改革等因素，面临产能过剩的危机，农业产品普遍处于初级加工阶段，附加值低，在国际市场上缺乏竞争力，同时金融、房地产等传统服务产业同样面临转型升级问题。

在产业技术水平上主要表现为产业技术陈旧、新兴产业发展缓慢，虽然传统产业比重有所下降，但高技术产业比重又再度下滑，其中，2010—2016年东北三省高技术产业主营业务收入占全国比重由3.69%下降到2.61%，其中，2016年，辽宁、吉林、黑龙江三省分别占比0.95%、1.34%、0.32，见表4.15。对于近年来所涌现的新兴产业、高端产业，诸如计算机电子设备、机器人、航空装备及先进轨道交通制造等，受技术创新限制，东北地区在这些高新产业领域实现的产值不高，与东部发达省份差距巨大，如东北地区的计算机电子设备制造业，1990年产值在全国占比为7%，2014年已下降到1.2%。机器人产业发端于东北，但由于东北地区投资环境恶劣、市场发育不足等原因，其产业重心已转移至长三角、珠三角地区，当前东北地区的市场份额仅占全国的10%左右。

表4.15 2010—2016年东北三省高技术产业主营业务收入占全国比重

省份	年份						
	2010	2011	2012	2013	2014	2015	2016
辽宁	2.30%	2.17%	2.16%	2.04%	1.85%	1.30%	0.95%
吉林	0.86%	1.05%	1.11%	1.23%	1.31%	1.32%	1.34%
黑龙江	0.54%	0.54%	0.51%	0.53%	0.50%	0.44%	0.32%
东北三省	3.69%	3.76%	3.79%	3.80%	3.65%	3.06%	2.61%

数据来源：中国科技部，中国国家统计局和中国国家发展和改革委员会。

在产业空间体系上，东北地区目前正在建设两个区域性城市群，分别是哈长城市群和辽中城市群，但当前存在着核心城市辐射能力不足、产业互补性差、核心城市带动能力不强及行政分割制约等问题。由于沈阳、大连、长春和哈尔滨作为东北地区的中心城市及辽中城市群、哈长城市群的核心城市，自身仍处在产业转型升级的过程中，其区域辐射效应和带动力远远落后于一线发达城市，无法承担起带动整个城市群经济快速发展的重任。

在对外贸易上，这一阶段增速放缓严重，2015年，东北三省对外贸易额一度出现了负增长，进出口总额占全国的比重由2003年的5.03%变为2016年的3.51%。其中，辽宁省凭借着沿海的区位优势以及近年来沈阳综合保税区、大连保税区、丹东"国家重点开发开放试验区"建设步伐的加快，进出口总额在三省中处于领先地位，从2003年的298亿美元增长到2016年的961亿美元，年均增长率11.14%，高于三省平均水平。随着中国经济的不断发展，能源、矿产资源的需求大幅提高，黑龙江省具有得天独厚的与俄合作优势，因此，对外贸易规模逐年提高，吉林省对外贸易规模小，自2003年以来始终处于逆差状态，2016年进出口贸易额占全国的比重仅为0.51%，如表4.16所示。

表4.16　2010—2016年东北三省外贸增长变动　　单位：亿美元，%

年份	黑龙江		吉林		辽宁		合计	
	贸易额	同比增长	贸易额	同比增长	贸易额	同比增长	贸易额	同比增长
2010	255.2	0.6%	168.5	0.4%	807.1	0.3%	1 230.7	0.4%
2011	385.2	0.5%	220.6	0.3%	960.4	0.2%	1 566.2	0.3%
2012	375.9	0.0%	245.6	0.1%	1040.9	0.1%	1 662.4	0.1%
2013	388.8	0.0%	258.3	0.1%	1144.8	0.1%	1 791.9	0.1%
2014	389.0	0.0%	263.8	0.0%	1140.0	0.0%	1 792.8	0.0%
2015	210.1	−0.5%	188.8	−0.3%	959.5	−0.2%	1 358.4	−0.2%
2016	165.4	−0.2%	184.5	0.0%	865.6	−0.1%	1 215.5	−0.1%

数据来源：中国国家统计局。

在区域创新体系上，产业核心技术的缺失使东北三省无法吸引创新型人才进入，也会导致现有人才的流失，2010—2015年，东北三省人口净流出约24万人，在流出的人口中很大比例是具有较高文化素质或专业技能的高层次人才，其中流出人口平均受教育年限要比流入人口高1.9年，人才的流失在一定程度上伴随着科研成果的流失（姜玉等，2016）。在人力资本"失血"严重的情况下，"造血"能力同样存在问题，2015年辽宁省、吉林省、黑龙江省教育支出占公共财政支出的比重分别为13.16%、15.07%、14.65%，均低于16.76%的全国总体水平。人才的大量流出和投资不足导致了东北地区创新能力的匮乏，2010—2017年，东北三省专利授权数占全国比重由7.85%下降到4.10%，2001—2009年，东北三省研发人员占全国比重由7.32%下降到6.19%，创新产出效率低下，在高精尖技术领域，更没有形成由核心大企业带动，中小企业配套发展的产业体系，如表4.17和表4.18所示。

表4.17　2010—2017年东北三省专利授权数占全国比重

省份	年份							
	2010	2011	2012	2013	2014	2015	2016	2017
辽宁	2.31%	2.17%	1.82%	1.76%	1.61%	1.58%	1.54%	1.54%
吉林	0.59%	0.56%	0.51%	0.51%	0.55%	0.56%	0.61%	0.64%
黑龙江	0.92%	1.38%	1.74%	1.61%	1.27%	1.19%	1.11%	1.06%
东北三省	3.81%	4.11%	4.08%	3.88%	3.44%	3.32%	3.26%	3.24%

数据来源：中国科技部、中国国家统计局。

表4.18　2010—2017年东北三省研发人员占全国比重

省份	年份							
	2010	2011	2012	2013	2014	2015	2016	2017
辽宁	3.11%	3.04%	2.98%	2.80%	2.77%	2.78%	2.88%	2.93%
吉林	2.02%	1.87%	1.80%	1.73%	1.64%	1.60%	1.60%	1.56%
黑龙江	2.19%	2.16%	2.03%	2.00%	1.94%	1.86%	1.79%	1.70%
东北三省	7.32%	7.07%	6.81%	6.54%	6.35%	6.25%	6.27%	6.19%

数据来源：中国科技部、中国国家统计局。

随着经济增长方式逐步向创新拉动型转变，区域经济系统面临着转换运行方式的需求，在这一阶段，东北地区受供给侧结构性改革、第四次工业革命等多重冲击，2014年经济再度出现下行态势，辽宁、吉林、黑龙江三省GDP增长率下滑明显，低于全国平均水平，部分行业和企业出现生产经营困难，民生问题日益突出。在经济发展新常态的背景下，东北地区深层次的体制性、机制性、结构性问题显现明显。第一轮东北振兴战略虽然使东北地区经济走势有所回升，GDP增长速度一度高于全国平均水平，但并没有从根本上解决问题，政策支持的重点领域实质上依旧是对原有落后产能和技术进行改造。在地方支柱产业受到产能过剩冲击的情况下，没有大力"开源"，进行自主核心技术的研发与创新，而是依旧寻求政府扶持与保护，仍延续着以往的生产运营模式，即便有些产业引入外来资本，也缺乏掌握核心技术的能力，长期处于价值链低端。在第三次冲击背景下，这一阶段本应由创新型驱动建立的经济系统，地方政府依旧奉行投资驱动的观念，大力扶植国有企业，忽视了自主技术的研发与创新，区域经济韧性最终由复原型又回到了脆弱型，主要表现为：东北地区曾经优势犹存的部分主导产业也逐渐被沿海发达地区的新兴产业所替代，受自身技术创新能力的限制，东北地区在高新产业领域产值下滑明显，如计算机及电子通信设备制造业在1990年产值在全国占比达到7%，2016年已下滑到1.12%，如图4.4所示。GDP结构始终以第二产业为主，服务业长期发展滞后，产业规模小，经济效益低，市场活力不足，就业吸纳能力低，导致人才的大量流失。特别是在房地产与金融业没有形成产业优势、总量增长乏力等，使东北地区无论是居民人均可支配收入指标，还是城镇居民人均可支配收入指标，都低于全国平均水平，如图4.5所示。同时，东北地区长期依赖的资源型产业因资源的不断枯竭而逐步走向终结，截至2013年，国家先后分三批界定了69个资源枯竭城市，东北三省共有24个市县入围，约占全国的35%，对资源无节制的开发不仅对生态环境造成恶劣影响，同时在环境规制政策的冲击下，使经济运行模式变得更加脆弱。

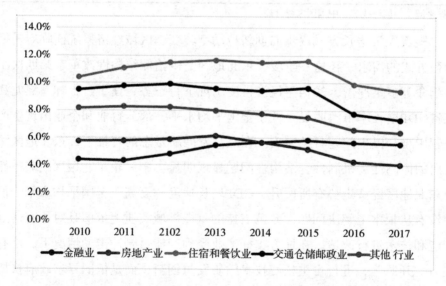

图4.4　东北三省第三产业各行业增加值在全国的比重

数据来源：中国国家统计局。

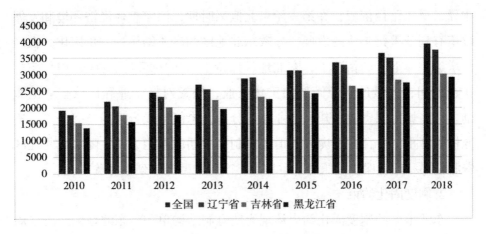

图4.5　东北三省人均可支配收入与全国对比

数据来源：中国国家统计局。

4.2　当前东北地区经济韧性存在的问题

4.2.1　产业体系问题

东北地区重化工企业在全国最为集中，尤其是在"四万亿计划"的政策刺激下，本应淘汰的过剩产能不仅没有及时调整，反而借助政策扶持进行了新一轮扩张，导致在当前经济下行调整过程中，出现产能利用率低、企业债务激增及资金运营困难等问题。东北地区在新一轮调整中经济下滑明显且调整难度大，产业体系导致的问题主要体现在产业体系陈旧和制度固化约束两方面。

1. 产业体系陈旧

东北地区产业结构单一，2016年重化工业企业比重三省均在60%以上，辽宁省一度高达80%，传统优势产业占据核心位置且多集中在钢铁、煤炭、石油等产能过剩行业，新兴产业发展滞后，科技与经济发展融合度低，增长过度依靠投资拉动。服务业发展则相对缓慢，2016年占比仅为48%，低于全国51.6%的平均水平。东北地区的产业布局一直以重化工业为主导,形成路径依赖,在第一轮东北振兴时期,国家整体经济环境和发展政策有利于重化工业的发展,导致东北地区的产业结构进一步固化。在经济增速整体上行的情况下,东北地区保持了历年10%以上的GDP增长率,在这期间,大量的资源倾斜向重化工业,缺乏对轻工业和民营企业的激励。许多城市因资源而建,产业布局分散,未能形成合理的空间分工,资源依赖型重工业存在着庞大的退出机制,短期调整能力差,随着东北地区资源枯竭和环境保护的压力日益加大,产业转型升级刻不容缓。

2. 制度固化约束

东北地区的制度固化约束体现为所有制结构单一,东北地区经济格局中,央企、国企所占比重过高,企业规模大且多为资源型行业,受到资源枯竭、大宗商品市场震荡及经济周期等影响较大。民营企业多依附其上下游发展,受到国有企业体制的限制,创新能力不足,发展相对迟缓,非公有制经济发展滞后,导致市场化机制难以实现。许多国有企业生产效率低下、体量庞大、占用大量资源,给经济带来了沉重的负担,例如,黑龙江龙煤集团拥有23.3万人的庞大职工队伍,劳动生产率却只有全行业平均水平的34%,人工成本占公司总成本的47%。由于区位优势的差异性,近年来,东北地区在产业政策的调整上依旧向传统优势产业倾斜,缺乏对新兴产业的布局,具有传统产业优势的国有企业吸收了地方政府给予的各项优惠政策,作为东北地区经济运行的重要参与者,政企不分导致运营效率低下,产品不符合市场需求,这样的企业在市场竞争中应被淘汰,但政策扶持使之继续存活,造成资源浪费,降低地区生产效率。

东北地区的产业体系问题中既存在着产业发展的历史必然性,也存在着计划经济造成的衰退方式的特殊性。首先,社会经济的不断发展伴随着产业体系不断进步的过程,人们的需求逐步高级化,能源的需求也从煤炭过渡到石油,目前正向新型能源过渡;发达国家传统产业向发展中国家转移,基础工业在逐步失去比较优势,同时传统产业没有及时采用高技术进行改造;"厚重长大"的工业体系占据了大多数经济资源,导致新产业的发展空间狭小。其次,在改革开放分阶段进行的过程中,东北地区作为工业区市场化改革滞后；生产体系与大众消费脱节，对内需的重视程度不足，导致没有及时采取有效的措施来释放巨大的内需潜力；对外开放过程中，外部竞争对手的出现，对东北的传统产业造成巨大冲击。

新中国成立初期，东北地区产业体系的优势很大程度上来源于特殊区位优势需要以及自身资源优势，改革开放以来，中国与世界经济已结为一体，在市场经济的竞争下，国有企业产权不明导致激励机制缺乏，生产效率低下，同时企业忽视自主创新，只是对国外的生产设备全盘引入，最终在全国乃至全球的市场竞争中败退，却仍然忽视技术和制度的革新，固守着低端产业，国有企业靠政府财政补贴发展，占用市场资源，阻碍民营企业发展，资金和人才更多流向国有企业，最终形成了从产业结构单一到所有制结构单一的恶性循环。

4.2.2　创新能力不足

为改变传统产业比重过大的问题，近年来东北地区加大对新兴产业的发展，其中2016年吉林省医药制造业主营业务收入占全国比重达到6.56%，辽宁省航空、航天器及设备制造业主营业务收入占全国比重达到8.13%，同时在高端装备、生物制药及新材料等产业取得了一定的成就，但总体而言，高技术产业规模较小，发展速度缓慢，具体见表4.19。2016年，辽宁省、吉林省、黑龙江省高技术产业主营业务收入占全国比重仅有0.95%、1.34%、0.32%，在新兴装备制造业领域如通信设备、计算机及其他电子设备制造业、仪器仪表等设备制造业创造的工业产值及核心技术在全国均没有优势，在高端装备制造领域，关键零部件配套水平低，关键功能部件还需进口，产业缺乏核心竞争力。

表4.19 2016年东北三省高技术产业主营业务收入占全国比重

产业类别	辽宁省	吉林省	黑龙江省
医药制造业	1.41%	6.56%	1.37%
航空、航天器及设备制造业	8.13%	—	0.31%
电子及通信设备制造业	0.60%	0.11%	0.06%
计算机及办公设备制造业	0.24%	0.08%	0.03%
医疗仪器设备及仪器仪表制造业	1.44%	0.90%	0.24%
信息化学品制造业	0.61%	0.01%	0.03%

数据来源：中国高技术产业统计年鉴。

从高技术产业生产经营各项指标来看，东北三省各项指标均低于全国平均水平，其中企业数量、从业人员、资产总计占全国制造业比重分别为5.37%、9.70%、9.08%，分别低于全国平均水平2.36、5.85、5.8个百分点；高技术产业主营业务收入和出口交货值占制造业比重为0.55%和11.87%，低于全国平均水平13.62和32.13个百分点，与全国平均水平差距明显，如表4.20表示。

表4.20 2015年东北三省高技术产业生产经营情况

类别	东北三省			全国		
	高技术产业	制造业	比重	高技术产业	制造业	比重
企业数/个	1189	22148	5.37%	29631	383 148	7.73%
从业人员/人	426 397	4 397 500	9.70%	13 543 225	87 109 300	15.55%
资产总计/亿元	4 934.6	54 365.15	9.08%	116 446.6	782 521.9	14.88%
主营业务收入/亿元	4 284.5	782 521.9	0.55%	139 968.6	987 939.15	14.17%
出口交货值/亿元	342	2 882.17	11.87%	50 923.1	115 727.64	44.00%

数据来源：中国高技术产业统计年鉴。

从具体研发投入上看，东北三省研发的人力和财力投入相对偏低，R&D人员全时当量、R&D经费、R&D项目数占到全国比重的3.94%、4.15%、3.39%。相比之下，东北三省的产出效率更为低下，其中专利申请数、发明专利数、有效项目专利数仅占到全国比重的2.36%、2.71%、2.85%，在投入和产出偏低的情况下，产出效率的低下问题相对更加严重。尤其在高精尖技术领域，没有形成由核心大企业带动，中小企业配套发展的产业体系，产业配套环节的缺失意味着产业之间失去竞争力和技术的溢出效应，进而影响到产业向高层次、高技术价值链升级等因素。

表4.21　2015年东北三省规模以上工业研发投入及产出

类别	东北三省	全国	三省占全国比重
R&D人员全时当量/（人·年）	104 061	2 638 290	3.94%
R&D人员经费/万元	4 160 735.5	100 139 330	4.15%
R&D项目数/项	10 516	309 895	3.39%
专利申请数/件	15 064	638 513	2.36%
发明专利数/件	6 670	245 688	2.71%
有效发明专利数/件	16 372	573 765	2.85%

数据来源：中国高技术产业统计年鉴。

　　东北地区创新能力不足更为核心的原因是地方政府对低端技术的国有企业的过度扶持变相得提高了新兴技术的进入门槛，近年来，政府在科学技术支出的比重上连年增长，但归根结底，问题在于政府不可能比市场有更低的信息费用提前知道什么创新方向、技术发展是最有竞争力的，对此，政府在强制力方面存在的比较优势毫无意义，反而只会扭曲市场竞争的结果，同时政府招商引资的过程中更重视量的扩张，忽视创新的积累，市场缺乏有创新能力的企业，人才更多地向缺乏创新能力的国有企业流动或者外流，进一步造成东北地区创新能力的不足。

4.2.3　城市体系脆弱

1. 空间结构问题

　　从空间结构上看，东北地区分为东、中、西三个经济地带，东部地带包括东部山区、半山区和东北部小兴安岭地区，主导产业是林业和有色金属与非金属矿产采掘业，同时也是我国北方中草药基地。由于全面停止了黑龙江国有林区天然林的商业采伐，转为全面保护，大批林业的伐木职工转为护林员，收入受到很大影响，主要依靠财政补贴，随着资源的逐渐枯竭和国家对森林资源的保护，该区域如何发展接续产业以及通过市场的力量引导下岗职工再就业成为亟须解决的问题。

中部地带包括辽东半岛中部及松辽平原，是东北地区经济最为发达的经济带，以重化工业为主的制造业、高技术产业及食品加工业分布在这一经济带内。伴随着城市规模的扩大和城际之间交通条件的改善，中部地带将成为东北老工业基地振兴和率先实现现代化的关键地区，当前该区域存在的问题是国有大中型企业改造与产业转型升级、生态环境的保护问题和能源的可持续发展问题。西部地带主要包括西部半干旱草原与大兴安岭南部地区，这里是东北的农牧业基地与重要的能源基地，生态环境建设与发展草产业是重要的发展方向①。

从整体上看，东北地区城市空间分布不均匀，区域间差异较大，其中西部和北部地区的城市密度和城市规模均远低于铁路沿线地区，特别是黑龙江省西北部地区的城镇密度远低于其他地区。在城市规模上，大、中型城市较多，小城市数量少且发展相对落后，超大城市和特大城市首位度高，城市发展要素集中程度高。究其原因，是由于计划经济时期全国实行非均衡发展战略，导致东北地区东、中、西部经济差异的产生，当时在国家政策的引导下，重点发展哈大铁路沿线地区，重点建设项目分布在哈尔滨、齐齐哈尔、长春、吉林、沈阳、大连、鞍山、抚顺等城市及其周围地区，而东西部地区工业基础相对薄弱，交通运输等建设条件发展滞后、国家扶持力度有限。中部地区和与东、西部，特别是西部地区的经济发展形成了二元经济结构，这一状况也一直持续至今。

2. 中心城市带动力不足

中心城市作为区域发展的增长极，通过和区域的互动作用，实现区域间资源的优化配置，实现区域一体化的协调发展。东北三省均提出了区域

---

① 陈才，杨晓慧.东北地区的产业空间结构与综合布局[J].东北师大学报（哲学），2004（3）：5-13.

中心城市战略，但当前东北地区存在着增长极单一化的问题，2016年，沈阳市和大连市占辽宁省GDP的比重达51.61%，工业总产值占56.91%。长春市和吉林市占吉林省GDP总量的近55.2%，工业总产值占54.86%。哈尔滨市和大庆市占黑龙江GDP总量的近53.78%，工业总产值占59.34%。从数字对比来看，东北三省经济体量排在前两名的城市占据了全省一半以上的GDP和工业总产值，且每年变化趋势不大，体现除了东北三省过度依赖中心城市及资源型城市的现状，区域发展不均衡以及对中小型城市的支持力度过低，中小城市与中心城市的功能未能形成有效对接，区域未能实现中心城市和中小城市的联动机制，形成多极化的发展格局，如图4.6和图4.7所示。

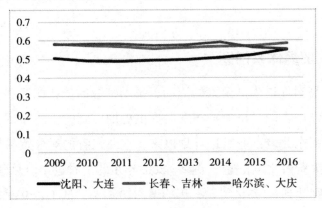

图4.6　中心城市GDP占比

数据来源：中国国家统计局。

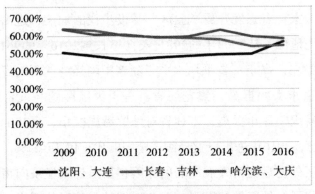

图4.7　中心城市工业总产值占比

数据来源：中国国家统计局。

东北地区中心城市带动力不足，首先是由于沈阳、大连、长春、哈尔滨作为东北地区的中心城市及辽中城市群、哈长城市群的核心城市，自身仍处在产业转型升级的过程中，其区域辐射效应和带动力远远落后于一线发达城市，无法承担起带动整个城市群经济快速发展的重任。其次，其他城市工业发展水平相对落后，产业转型升级进度缓慢，经济增长动力不足，及资源型城市面临着资源枯竭、发展接续产业乏力等问题，这都制约着中心城市与区域之间的联动。最后，由于政府之间缺乏协调机制，东北地区产业发展同质化现象严重，各城市产业之间缺乏互补性，在区域合作中的职能与分工不明确，盲目建设导致的资源浪费阻碍了区域经济的协调发展。

4.2.4　贸易体系问题

对外贸易对促进生产要素的流动、推动资源的优化配置和生产力的发展起到积极作用，同时也为经济发展提供更加广阔的空间和机会。2003年国家实施振兴东北老工业基地计划以来，东北三省的对外贸易规模持续提高，但在全国所占比重正逐步下降。2003年东北三省进出口总额为428亿美元，2016年则达到1 293亿美元，年均增速10.61%，低于12.93%的全国平均水平，进出口总额占全国的比重由2003年的5.03%将为2016年的3.51%。其中，辽宁省凭借着沿海的区位优势以及近年来沈阳综合保税区、大连保税区、丹东"国家重点开发开放试验区"建设步伐的加快，进出口总额在三省中处于领先地位，从2003年的298亿美元增长到2016年的961亿美元，年均增长率11.14%，高于三省平均水平。随着中国经济的不断发展，能源、矿产资源的需求大幅提高，黑龙江省具有得天独厚的与俄合作优势，因此，对外贸易规模逐年提高，吉林省对外贸易规模小，自2003年以来始终处于逆差状态，2016年进出口贸易额占全国的比重仅为0.51%。

东北地区外向型经济发展滞后的原因包括由计划经济向市场经济转轨过程较慢抑制了对外贸易的发展、东北地区特有的区位因素，在与朝鲜、俄罗斯进行贸易合作时出于考虑本国的政治经济安全的因素抑制了边境贸易的发展，尤其是朝鲜特殊的政治环境因素影响了双方深度展开经贸合作。同时，外贸结构和产业结构未能形成相互促进的良性机制，从进出口商品的结构上看，目前东北三省进出口商品主要为原材料、初级加工品、劳动密集型产品及部分资本密集型产品等，高技术产品所占比重比较少，而进口额度低带来了对新产品的引入力度不够，未能通过引入高技术产品、设备来学习效仿，从而实现技术进步来提高本地的产业技术水平，外贸结构与产业结构二者之间没有起到相互带动、相互促进的作用。

从短期来看，东北地区对外贸易规模小、开放型经济拉动增长乏力，在经历经济冲击或扰动时，由于其依赖的国外市场有限，且东北三省对外贸易常年处在逆差状态，低附加值的产品的替代性比较强，寻找替代的进口市场相对容易，对外贸易多元化格局远未形成，所受到的冲击要小于贸易多元化格局的地区。但从长期来看，低端化外贸商品结构导致东北三省在经济全球化过程中，处于国际分工的底层，而开放度高的地区能够更好地实现资源共享，加速产品的流动，增强企业竞争力和区域之间的关系。虽然短期内贸易依存度较低可以使东北三省减少冲击对经济带来的损失，提高经济韧性，但从长期来看，东北地区贸易规模的提高，贸易层次的提升对提升区域竞争力、促进经济发展起到正向推动作用，如图4.8和图4.9所示。

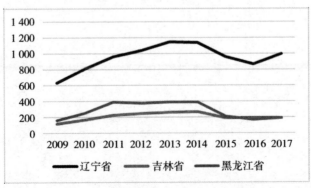

图4.8　东北三省进出口总额（亿美元）

数据来源：中国国家统计局。

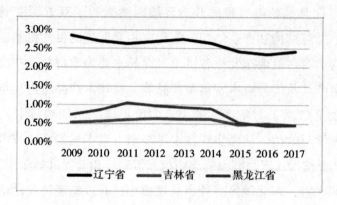

图4.9 东北三省进出口总额占全国比重

数据来源：中国国家统计局。

第5章 东北地区经济韧性的评价与特征分析

对区域经济韧性进行数量分析的研究首先要解决的是经济韧性的测算问题，目前在区域经济学领域，区域经济韧性测度尚没有公认的指标体系，无论是单一指标还是多指标测度均没有统一的标准。当前学者采用就业率或GDP的变化去测度经济韧性比较常见，指标过于单一，缺乏说服力，仅仅在区域经济抵御冲击的这一维度存在意义。本章基于第3章所建立的理论分析框架，从区域经济韧性的构成要素出发，建立了区域经济韧性测度的指标体系与评估模型，对东北地区经济韧性进行测度，并对测度结果进行了数量分析与特征归纳。

5.1 区域经济韧性测度的指标体系与评估模型

5.1.1 综合测度指标体系的构建

本书将区域经济韧性视为区域经济系统的固有属性，并不是受到外来冲击时才具有的能力，而是在区域经济正常运行的过程中自我形成的，这种属性也会因区域经济系统内部特征和结构的不同而形成不同的能力，这种能力不仅有强弱之分，还有在不同领域此强彼弱的结构之别，而不仅是冲击过后的变动比率，因此不能采用类似于弹性的测度方法，基于某种决定因素变动的反应程度的指标来衡量，同时区域经济系统是区域经济韧性的物质载体，所有的区域经济韧性都是区域经济系统体现出来的韧性，区域经济系统又由供给系统和社会系统构成，所以区域经济韧性主要体现在供给系统和社会系统上，故采用衡量有关供给系统与社会系统的综合性指标建立区域经济韧性的综合测度指标体系更为合理。因此本章结合不同城市的具体特征，兼顾考虑区域经济系统抵御冲击的能力以及受到冲击的相关部分形成新的经济运行模式并实现经济增长的能力，把主观与客观、定量与定性进行联系，同时借鉴国外学者Briguglio等（2006）、McInroy等（2014）、Crespo等（2014）对区域经济韧性指标体系的测度，以及国内学者对城市脆弱性的综合测度（张炜熙，2006；方创琳，2015）、经济转型测度框架和评价体系（杜栋，2014）及城市转型评价（李虹，2016）的研究，遵循完整性、精简性、可获取性、可比性的原则，构建经济韧性综合测度指标体系。

区域经济系统作为区域经济韧性的载体，由供给系统和社会系统构成。供给系统包括产业技术体系与产业空间体系，因此从各城市的产业体系与产业技术水平的角度出发，构建产业要素指数和技术要素指数。其中产业要素指数选取传统制造业增加值占GDP比重、高技术产业增加值占GDP比重、现代服务业增加值占GDP比重、采掘业增加值占GDP比重，以及国有企业占工业总产值比重来衡量。技术要素指数则选取万人专利授权数、互联网普及率、研发人员比重、高科技从业人员占比及单位GDP能耗来衡量。社会系统作为供给系统的支撑，对环境保护、金融风险、公共政策及其他社会要素进行了综合的考量，选取环境治理经费投入占GDP比重、一般工业固体废物综合利用率、单位面积工业废水排放、单位二氧化硫排放、金融机构贷款余额、公共教育支出比重、失业率、居民消费率和人口增长率来衡量。该指标体系共包括3个一级指标，18个二级指标，在二级指标中有8个负向指标，见表5.1。

表5.1 区域经济韧性综合评价指标体系

一级指标	二级指标	指标属性
产业要素	传统制造业增加值占GDP比重	负向
	高科技产业增加值占GDP比重	正向
	现代服务业增加值占GDP比重	正向
	采掘业增加值占GDP比重	负向
	国有企业占工业总产值比重	负向
技术要素	研发人员比重	正向
	高科技从业人员比重	正向
	互联网普及率	正向
	单位GDP能耗	负向
	万人专利授权数	正向
社会要素	人口增长率	正向
	失业率	负向
	居民消费率	正向
	公共教育支出比重	正向
	金融机构贷款余额	负向
	一般工业固体废物综合利用率	正向
	单位面积工业废水排放	负向
	单位二氧化硫排放	负向

5.1.2 数据来源

本章的研究区域为传统意义上的东北三省，即辽宁省、吉林省、黑龙江省。考虑到数据的可获得性，重点选取该地区34个地级以上的城市，其中包括辽宁省14个城市，吉林省8个城市（除延边朝鲜族自治州），黑龙江省12个城市（除大兴安岭地区）。本次测算的原始数据主要来源于2010—2018年的《中国城市统计年鉴》《辽宁省统计年鉴》《吉林省统计年鉴》《黑龙江省统计年鉴》《中国区域经济统计年鉴》以及其他各类统计年鉴、数据库、统计公报，对于无法从官方直接获取的数据，采取相关指标替代或估算。

5.1.3 数据标准化处理、指标权重处理

在进行计算前，首先对指标进行了标准化处理。标准化处理增强了不同指标的可比性，同时一定程度消除了异常值的影响。具体计算公式如下。

正向标准化公式：

$$X_s = \frac{(X - V_{\min})}{(V_{\max} - V_{\min})}$$

负向标准化公式：

$$X_s = \frac{(V_{\max} - X)}{(V_{\max} - V_{\min})}$$

其中，X_s表示标准化值；X表示指标值；$V_{\min}$表示指标最小值；$V_{\max}$表示指标最大值。

以往研究通过主观或客观的测算对各个指标进行权重的分配，然后通过加权平均法得出最后的指标值，以体现不同指标对评价对象的重要程度的不同。由于本次对城市经济韧性的指标设定是初次尝试，在未明确掌握不同指标可能产生的影响大小的前提下，且东北地区资源型城市较多，城市经济发展存在特殊性，采用指标加权会让数据之间的可比性存在偏差，因此本次测算参照李虹（2016）对资源型城市转型指数计算时所采用算术平均法进行处理，给每个指标赋予相同的指标权重，避免使用熵值法时造成的区域中心城市指标远高于中小城市和资源型城市的情况，造成两极分化，进而失去可比性的问题。

5.2 东北地区经济韧性指数及分析

结合源数据，运用前文建立的区域经济韧性评价模型计算得出2009—2017年东北地区城市的经济韧性指数。根据各城市经济韧性指数的差异，本书运用相等间隔法将东北地区的城市的经济韧性分为五级（强经济韧性、较强经济韧性、中等经济韧性、较低经济韧性和低经济韧性），如表5.2和表5.3所示。

表5.2 区域经济韧性测度分级标准

区域经济韧性分级	一级	二级	三级	四级	五级
	低经济韧性	较低经济韧性	中等经济韧性	较强经济韧性	强经济韧性
指数X_s	<0.480	0.480~0.537	0.537~0.595	0.595~0.652	0.652~0.709

表5.3 东北地区城市经济韧性指数（2009—2017年）

城市	2009	2010	2011	2012	2013	2014	2015	2016	2017	平均值
沈阳市	0.649	0.683	0.655	0.650	0.665	0.668	0.658	0.651	0.688	0.663
大连市	0.638	0.595	0.628	0.575	0.623	0.613	0.669	0.628	0.635	0.623
鞍山市	0.452	0.463	0.469	0.472	0.476	0.462	0.507	0.534	0.525	0.484
抚顺市	0.464	0.423	0.491	0.494	0.512	0.514	0.557	0.518	0.500	0.497
本溪市	0.436	0.428	0.438	0.426	0.474	0.468	0.515	0.484	0.495	0.463
丹东市	0.488	0.470	0.478	0.489	0.510	0.578	0.594	0.582	0.547	0.526
锦州市	0.528	0.504	0.568	0.584	0.571	0.600	0.604	0.587	0.537	0.565
营口市	0.449	0.462	0.501	0.524	0.538	0.523	0.560	0.519	0.500	0.508
阜新市	0.470	0.475	0.479	0.479	0.529	0.535	0.536	0.516	0.474	0.499
辽阳市	0.509	0.514	0.514	0.465	0.530	0.499	0.465	0.515	0.476	0.498
铁岭市	0.432	0.448	0.471	0.467	0.488	0.553	0.571	0.524	0.444	0.489
朝阳市	0.511	0.502	0.518	0.574	0.557	0.570	0.548	0.564	0.551	0.544
盘锦市	0.477	0.478	0.474	0.532	0.513	0.524	0.500	0.528	0.477	0.500
葫芦岛市	0.507	0.453	0.496	0.506	0.556	0.546	0.551	0.567	0.508	0.521
长春市	0.635	0.673	0.663	0.602	0.621	0.643	0.634	0.632	0.654	0.640

续表

城市	2009	2010	2011	2012	2013	2014	2015	2016	2017	平均值
吉林市	0.614	0.592	0.608	0.598	0.618	0.586	0.574	0.517	0.543	0.583
四平市	0.554	0.565	0.566	0.579	0.580	0.568	0.602	0.588	0.588	0.577
辽源市	0.532	0.534	0.537	0.521	0.547	0.526	0.562	0.545	0.548	0.539
通化市	0.583	0.577	0.618	0.610	0.613	0.619	0.618	0.594	0.643	0.608
白山市	0.494	0.484	0.518	0.487	0.554	0.464	0.475	0.489	0.527	0.499
白城市	0.583	0.550	0.591	0.553	0.598	0.544	0.527	0.528	0.587	0.562
松原市	0.577	0.579	0.565	0.598	0.575	0.561	0.512	0.565	0.553	0.565
哈尔滨市	0.701	0.709	0.693	0.679	0.664	0.664	0.636	0.610	0.695	0.672
齐齐哈尔市	0.610	0.589	0.634	0.614	0.616	0.611	0.506	0.495	0.549	0.581
牡丹江市	0.602	0.605	0.609	0.591	0.523	0.582	0.554	0.584	0.594	0.583
佳木斯市	0.598	0.628	0.652	0.571	0.533	0.564	0.537	0.595	0.550	0.581
鸡西市	0.523	0.510	0.549	0.537	0.485	0.541	0.489	0.487	0.556	0.520
鹤岗市	0.500	0.507	0.534	0.522	0.484	0.537	0.491	0.423	0.513	0.501
双鸭山市	0.530	0.541	0.541	0.460	0.449	0.559	0.501	0.468	0.439	0.499
七台河市	0.527	0.529	0.473	0.536	0.480	0.512	0.490	0.476	0.446	0.497
黑河市	0.600	0.592	0.600	0.520	0.544	0.488	0.496	0.574	0.529	0.549
伊春市	0.537	0.519	0.572	0.590	0.535	0.584	0.519	0.503	0.544	0.545
大庆市	0.529	0.471	0.494	0.517	0.549	0.500	0.436	0.442	0.493	0.492
绥化市	0.551	0.578	0.597	0.617	0.564	0.559	0.535	0.534	0.532	0.563

5.2.1　总体分析

　　东北地区34个地级以上城市2009—2017年平均经济韧性指数为0.545，处于中等经济韧性状态。根据各地级市历年平均值来看，其中哈尔滨市经济韧性指数最高，为0.672；其次为沈阳市，经济韧性指数为0.663。经济韧性指数最低的是本溪市，为0.463。从东北地区34座城市的经济韧性历年的平均值来看，最高值在2013年，为0.554，最低值在2010年，为0.536。从整体趋势上看，2013至2017年处于逐年下滑的趋势。

　　从理论上来说，所有评价指标在经过标准化处理后的值均处在0到1之

间，越接近于1，则表示区域经济韧性越强。根据这一思路对区域经济韧性
指数和各分项指标进行对照可以看出，2009—2017年东北地区的经济韧性
并不突出，一定程度上表现出在受到外部冲击时，东北地区抵御冲击及在
冲击过后重构的能力相对较差。从各分项指标来看，如图5.1所示，东北地
区各地级以上城市社会要素指数相对较高，技术要素指数相对较低。

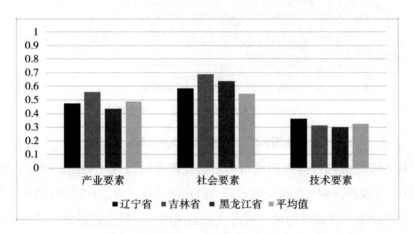

图5.1　一级指标平均得分数

从二级指标来看，如图5.2所示，研发人员比重、高科技人员比重、单
位GDP能耗指数普遍偏低，分别为0.294、0.215、0.391，限制了东北地区通
过技术进步来提高经济韧性的能力，导致技术要素在一级指标中远低于产
业要素和社会要素。二级指标得分较高的是一般工业固体废物综合利用率、
单位面积工业废水排放、国有企业工业总产值比重。作为已处理过的负向指
标，东北地区国有企业资产规模虽然相对较大，但其所创造的产值比较小，
使得国有企业占工业总产值比重指数比较高。同时关于环境治理方面的指数
比较高，这也大幅带动了社会要素指数上升。降低传统制造业、采掘业的比
重，增加现代服务业及高新技术产业的比重是多数城市提高经济韧性的主要
动力，当前以调整经济结构促进城市经济转型已成为普遍共识，从二级指
标可以看出，当前东北地区科技研发投入强度普遍较低，高科技人力资源薄
弱，特别是经济韧性排名靠后的城市，产业技术水平相对低下，对经济韧性
提高的推动力仍旧来自传统制造业转型和地区经济增长，如图5.2所示。

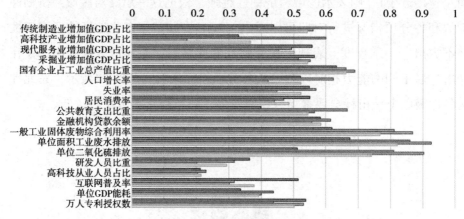

图5.2　二级指标平均得分数

从各级经济韧性等级的城市所占的比例可以发现（见图5.3），2009至2012年，各级经济韧性等级的城市所占的比例变化不大，自2013年以来，较低经济韧性和中经济韧性的城市所占比例迅速增长，较强经济韧性的城市所占比例骤减，如2013年，较低经济韧性及以下城市所占比例为38.24%，而到2017年，所占比例则达到50%，较强经济韧性以上城市所占比例由20.59%递减到14.71%，中等经济韧性城市的比例基本保持不变。其中，东北地区城市经济韧性降低幅度具有不平衡的特点，下降幅度较大的多为资源型城市，如大庆、七台河等，区域中心城市如沈阳、哈尔滨等城市，经济韧性变化不大。

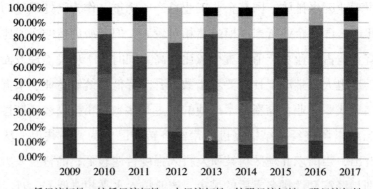

图5.3　各类型经济韧性城市所占比例

5.2.2　各省区域经济韧性分析

辽宁、吉林、黑龙江三省经济韧性的平均值分别为0.527，0.572，0.548，辽宁省属于较低经济韧性，吉林省和黑龙江省属于中等经济韧性。从历年的区域经济韧性上看，吉林省经济韧性在东北三省中始终处于领先态势，但从整体趋势来看，尤其是近年来，各省经济韧性历年基本处于下降趋势，这和近年来东北地区经济的衰落相吻合，如图5.4所示。

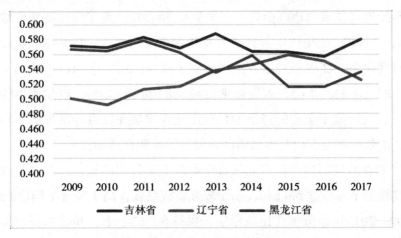

图5.4　东北三省历年经济韧性

黑龙江省GDP增长速度由2009年的11.4%降低为2017年的6.4%，经济韧性也是一路下滑，由2009年的0.567下降到2017年的0.537，其下降的主要原因是近年来黑龙江省第二产业发展缓慢，产业要素指数在三省中也是处在最低位，以2017年为例，黑龙江第二产业的增长速度只有2.9%，虽然第三产业的增长速度达到了8.7%，但无法止住经济下滑的趋势。黑龙江省是一个资源大省，能源工业在其工业结构中所占比例较高，在2012年一度高达57.7%，在黑龙江省的四大支柱产业中（装备、石化、能源和食品），石化和能源产业都严重依赖本地资源，产业结构缺乏合理性。其中能源工业对经济持续负向拉动，2017年，黑龙江省石化工业下降4.0%，原煤产量同比下降3.9，原油产量同比下降7%。同时传统工业行业亏损严重，2016年黑龙江省工业企业累计亏损额度达到333.6亿元，同比增长51.8%，其中石油和天然气开采业、煤炭开采和洗选业、专用设备制造业及电力热力生产和供应业这四个行业的合计亏损额占到了全省工业企业亏损额的70.6%（张辉斌等，2017）。大庆作为一个典型的资源型城市，2017年GDP占到了黑龙江省全省的17%，随着国际油价的大跌，大庆的GDP增速由2009年的12.1%降到了2017年的2.7%，大庆的经济韧性由0.529降到了0.493，处于较低经济韧性的状态。七台河市、鸡西市、双鸭山市和鹤岗市作为黑龙江省的煤炭型城市，经济韧性的平均值均处于较低经济韧性水平。哈尔滨市的经济韧性历年始终处在东北地区前列，平均值高达0.672，属于强经济韧性城市，哈尔滨市的GDP在2017年占到了黑龙江省总量的40%，其支柱产业食品加工业对优化黑龙江省轻重工业比例起到了推动作用，由2013年的20：80，调整为2017年的35：65，采掘业则由49.5%下降至30.4%。哈尔滨市的强经济韧性以及远高于全省的经济增长速度显现出黑龙江省经济发展不均衡的特点，哈尔滨市与省内其他城市经济发展的差距在逐渐拉大。

吉林省的经济韧性在东北三省中始终处于领先的地位，其中长春市的经济韧性的平均值达到0.640，属于较强经济韧性，高于全省平均值0.572，且2009—2017年经济韧性比较稳定，保持在0.63上下，和哈尔滨市类似，2017年长春市的GDP占到了吉林省GDP总量的43.7%，GDP增长率为8%，高于全省5.3%的增长率。纵观吉林省2017年第一产业增加值同比增长3.3%，第二产业增加值同比增长3.9%，第三产业增加值同比增长7.5%，可以看出第二产业的增长速度略高于黑龙江省，其中在产业要素指数中吉林省达到了0.561，远高于其他两省的0.471和0.437，作为吉林省第一支柱的汽车产业增速达到13.9%，极大地带动了吉林省的经济增长，近十年中国轨道交通的快速发展为长春轨道客车股份有限公司的发展提供了机遇。除此之外，吉林省对本地医药资源充分利用，2016年医药产业增速达到11.8%，同时，信息、纺织、食品的增速分别为8%、16.1%和7.7%，这也使吉林省的高技术产业增加值GDP占比较高。和黑龙江省类似，石化能源产业同比下降1.6%，同时冶金建材产业增长仅为0.5%，建材产业同比下降4.4%，产能过剩的行业在一定程度上降低了吉林省的经济韧性。辽源市作为一个资源型城市，近年来经济韧性提升速度显著，辽源市一度因煤炭资源枯竭导致经济发展停滞，失业率激增，社会矛盾突出，2005年作为资源枯竭型城市经济转型试点城市，将农产品深加工和装备制造作为两大主导产业发展，同时也将纺织业作为重点产业进行发展，对资源进行整合，成立东北袜业园，目前已成为中国最大的棉袜生产基地，2016年辽源市轻工业增加值达到179.11亿元，同比增长15.8%。通化市历年经济韧性的平均值达到0.608，属于较强经济韧性，通化市根据当地盛产名贵中药材的优势，大力发展医药产业，取代了从前冶金业主导产业的地位，医药产业已经成为该市最大的工业，2016年增长高达9.1%，低资源消耗、低环境污染、高产品附加值的医药产业成为提升通化市经济韧性的重要因素。但不可忽视的是，吉林省的近年来看似发展平稳，实则问题重重，产业创新迟缓，无法应付新产业周期到来的冲击。从吉林省产业基础来看，存在着产业结构单一的问题，作为主导产业的汽车、化工等产业发展长期迟滞，在体制固化方面表现尤为突出。特别是，对一汽集团等央企的过度保护政策，使得吉林省汽车产业发展停滞。相比之下，民营企业既无政府所提供的特别优惠政策，又有多重地方保护壁垒，导致市场交易费用激增，营商环境恶劣。另外，除长春市以外，其他城市严重缺少核心产业，例如排在吉林省经济第二位的吉林市，2017年GDP总量为2 302亿元，仅达到省会长春市的三分之一，经济发展支柱主要来自省内的工矿企业，缺少具有核心竞争力的制造业企业，在资源枯竭及重化工业进入生命周期末期的背景下，尚没有新兴产业进行替代，2017年GDP增速仅有2.6%。而松原市的经济发展更是令人担忧，本来坐落在松花江畔的松原市是东北内陆典型的河运枢纽城市，也是GDP总量排行第三的吉林省城市，随着工矿企业的衰落，大宗货物的物流需求下降，人口流失严重，2017年GDP增速仅有0.9%，产业转型升级迫在眉睫。

辽宁省经济韧性在三省中处在中间地位，排在前两位的沈阳市（0.663）和大连市（0.623）皆属于强经济韧性，远高于排在第三名的锦州市（0.565）和第四名朝阳市（0.544）。其中沈阳市和大连市的GDP之和占到了辽宁省GDP总量的55%，且除沈阳市和大连市之外，GDP总值均在2 000亿以下，体量较小。影响辽宁省经济韧性的主要有以下两点原因，首先，从产业结构看，重化工业与轻工业的比重是80∶20，产业结构拉低了辽宁省整体的经济韧性，在规模以上企业中，重工业的资产占比高达85.3%，主营业收入占79.3%，利税占79%。为应对2008年的金融危机，大规模的基建投资，钢铁、石化、煤炭及造船等产业都上了项目，结果导致了当前的产能过剩，近年来，国际大宗产品价格下跌使情况更加严峻。其次，国有企业占工业总产值比重大，民营经济占比小，辽宁省国有控股企业数量虽然仅占到总企业数量的3.6%，但资产规模占总量的43.2%，主营收入占24.7%，利税占27.8%，从业人员占26.3%。所有制结构单一，民营企业多依附其上下游发展，受到国有企业的限制，发展相对迟缓，过高的国有企业占比和传统制造业增加值GDP占比拉低了辽宁省的经济韧性。

5.2.3　东北地区经济韧性特征分析

1.经济韧性空间演变特征分析

从空间分布上看，较低经济韧性的城市和低经济城市呈"集聚化"的分布，在北部以黑河、伊春、鹤岗、双鸭山及七台河等为主聚集，南部以铁岭、抚顺、本溪和辽阳等为主聚集，这些城市大多因为经济发展落后、资源枯竭、转型困难，所以经济韧性偏低。经济韧性较高的城市主要有沈阳市、大连市、长春市、哈尔滨市及吉林市等，基本属于区域中心城市或"长吉图一体化"等国家级战略的核心城市。沿海与内陆相比，沿海地区城市经济韧性要高于内陆地区，沿海地区2019—2017年经济韧性的平均值为0.541，内陆地区经济韧性的平均值为0.525，其主要原因在于沿海地区较内陆地区区位优越，对外开放时间早，经济实力更强，通过辽宁沿海经济带发展规划，加快了辽宁沿海经济带的发展。从沿海地区来看，东部的经济韧性要高于西部，东部的大连市和丹东市地处辽宁沿海经济带的核心区位，城市的经济实力和可持续发展能力较强，产业结构更加合理，西部的盘锦市和葫芦岛市属于资源型城市，特殊的产业背景导致经济韧性相对较低。内陆地区总体上看，南部多数城市发展比较早，经济基础更好，实施东北振兴战略以来，更好地受益于国家优惠政策，北部多为资源型城市，南部整体经济韧性高于北部，东中部地区对外开放程度较高，产业结构更加多元化，而西部相对封闭落后，且经济发展主要依赖对矿产资源地开采及初级加工，经济韧性较低，所以东中部地区经济韧性高于西部地区。

2. 城市类型与经济韧性特征分析

根据城市职能，将东北地区地级以上城市分为非资源型城市和资源型城市两大类，其中非资源型城市经济韧性的平均值为0.573，资源型城市经济韧性的平均值为0.521，低于非资源型城市。根据资源种类的不同，资源型城市可以划分为煤炭型城市、石油型城市、冶金型城市、森工型城市和综合型城市，由于东北地区资源型城市种类多样且各城市处于不同的发展阶段，不同城市所受到外部冲击的力度也各不相同，城市自身的特征也决定了面对相同的外部冲击，其体现的韧性特征也不尽相同。不同资源型城市经济韧性的平均值呈现综合型城市>森工型城市>石油型城市>煤炭型城市>冶金型城市的趋势。其中综合型城市经济韧性最高，达到0.556，通化市和葫芦岛市的矿产资源相对多样化，城市并不依赖单一的矿产资源，近年来逐步摆脱了对资源开采和初级加工产业的依赖，产业转型比较成功，产业结构多样化，经济韧性相对较高。例如，辽源市随着煤矿资源的枯竭，将农产品深加工、装备制造及纺织业等产业作为接续产业培育，通化市也以医药产业取代冶金业作为主导产业。石油型城市经济体量大，石油储量丰富，松原市是东北地区唯一的成长型资源型城市，石油的开采与加工对环境的破坏相对较小，在生态环境治理方面存在着优势，但由于对石油的过度依赖，产业结构单一，产品依旧以石油资源初级开发为主，处在产业链的下游，竞争力不足。冶金型城市经济韧性最低，主要是由于冶金行业已属衰退行业，产能过剩，近年来，钢铁价格下跌对冶金型城市的经济韧性存在很大影响，同时冶金业对水和大气的污染严重，单一的产业结构、企业负债率的提高、失业人员的增加，以及生态环境破坏严重等因素均降低了冶金型城市的经济韧性。因此，一方面，与非资源型城市相比，资源型城市经济韧性指数明显偏低；另一方面，在资源型城市内部，不同资源类型城市经济韧性存在差异，并且综合型资源城市经济韧性高于单一资源类型城市。东北地区不同类型资源型城市的经济韧性如图5.5所示。

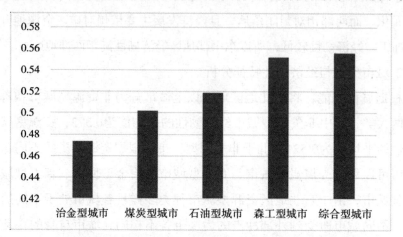

图5.5　东北地区不同类型资源型城市经济韧性示意图

3. 城市规模与经济韧性特征分析

当用各地级市市辖区人口数量分析城市规模与城市经济韧性之间的关系时，从单个城市看，城市的规模与经济韧性有着一定的对应关系，本书进一步根据东北地区各地级市市辖区人口数量，将城市规模划分为小城市（20万人以下）、中等城市（20万～50万人）、大城市（50万～100万人）、特大城市（100万～200万人）和超大城市（200万人以上），对应城市规模经济韧性的平均值分别为0.549、0.541、0.530、0.518和0.649。可以看出，随着城市规模的增大，城市经济韧性呈现递增趋势，尤其是超大城市的经济韧性远远领先于其他规模的城市，这也印证了人口是经济发展的第一源动力，超大城市中，人口的不断涌入带来了巨大的市场和机会，产生了巨大财富，从而使城市的经济总量得以提升，城市应对外部冲击的能力得到加强。

同时特大城市、大城市和中等城市之间的经济韧性指数差异不大，对单个城市来说，人口规模小的城市经济韧性不一定比特大城市低，一些规模相对较小城市如通化（44万人）、辽源（46万人），多元化的产业结构等因素同样适合于经济发展，但一些小城市如黑河（19万人），由于区位偏远，经济规模小，经济发展缺乏发达的经济中心的带动，市场狭小，同时森林资源由于过度砍伐几近枯竭，经济韧性较差。中小型城市经济韧性指数偏低反映了东北地区大型城市首位度高，中小型城市发展落后，中小型城市作为城市体系的重要组成部分，对缓解大城市的人口压力、完善城市体系结构起到重大作用，但东北地区的中小城市作为县域经济主体，其数量少、建设标准低、规模小、工业基础薄弱、基础设施落后，乡镇企业产业同质化严重，内部竞争激烈，很难形成规模化及产业链高效整合。总体而言，经济韧性与城市规模存在一定的对应关系，规模大的城市经济韧性相对较高，如图5.6所示。

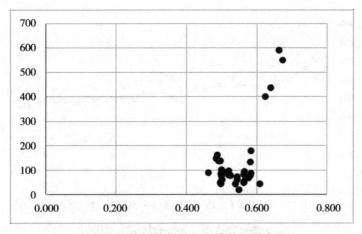

图5.6　经济韧性与城市规模关系示意图

4. 城市经济增长速度与经济韧性特征分析

用GDP增长率来表示东北地区各地级市的经济增长速度，分析GDP增速和城市经济韧性的关系，2009—2017年经济韧性排在前十名的城市GDP平均增长速度为7.97%，经济韧性排在后十名的城市GDP平均增长速度为6.18%，2009—2017年GDP增速排在前十名的城市经济韧性的平均值的数据为0.613，GDP增速排在后十名的城市经济韧性的平均值的数据为0.495。由此可见，在GDP增速差距巨大的同时，城市经济韧性的差距也比较大，GDP增长速度的快慢与经济韧性是的大小是存在相关关系的，虽然黑河市

2014年GDP增速达到8%，位列所有城市第一名，但经济韧性只有0.488，属于较低经济韧性城市，经济韧性只排在第32位，2014年大连市GDP增速仅有5.78%，GDP增速排在第25位，但经济韧性排到了第3位，达到了0.613，但从整体趋势来看，随着城市GDP增长率不断下降，城市经济韧性也随之降低，只有在2016年出现了不规则的变化情况，其原因是辽宁省承认经济数据存在水分，主动核减财政经济数据，导致整体GDP指标下滑。总体而言，城市经济增长速度基本上可以反映城市经济韧性的高低，个别经济韧性较高的城市增长速度不一定快，但经济韧性较低的城市经济增长速度普遍比较慢，这也体现了经济韧性在一定程度上代表了区域的增长力和竞争力，如图5.7所示。

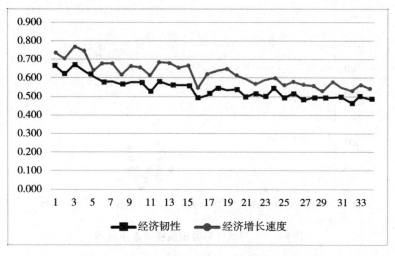

图5.7　经济增长速度与区域经济韧性关系示意图

5. 区域中心城市经济韧性特征分析

东北地区区域中心城市是指沈阳市、长春市、哈尔滨市和大连市。将这四座城市2009—2017年经济韧性历年所得值及其他30座城市经济韧性的平均值进行对比。就整体变化趋势而言，四座中心城市的经济韧性存在着一定波动，尤其是大连市的经济韧性由2012年的0.575上升到2015年的0.669，其主要原因是R&D经费投入强度、科学技术支出占公共财政支出的比重大幅提高及单位二氧化硫的排放量大幅降低带动了技术指数和环境指数的提

高。其他城市的经济韧性整体呈先上升后下降趋势，由2009年的0.526上升
到2014年的0.543，达到最高值，2017年则下降到0.526。就四座中心城市
的经济韧性差异而言，经过计算，四座城市经济韧性指数的标准差可以发
现，整体上四座城市2009—2017年经济韧性的差距变化不大，在中心城市和
其他城市经济韧性的对比上存在着很大的差距，中心城市2009—2017年经
济韧性的平均值达到了0.649，属于较强经济韧性城市，而其他城市2009—
2017年经济韧性的平均值仅有0.531，属于较低经济韧性城市。

　　从这其中的差距可以看出，当城市的体量达到一定程度后，规模效应
能够更好地得到发挥，资源的优化配置、人才的聚集以及生产效率的提高
可以帮助城市提升经济韧性。区域中心城市普遍具有较好的经济基础，包
括交通条件、人力资本、经济制度条件和环境，为提高城市的经济韧性提
供了更好的发展条件，如图5.8所示。但同时也体现出中心城市作为区域发
展的增长极并没有通过和区域的互动，实现带动其他城市共同发展，近年
来，东北三省过度依赖中心城市及资源型城市的现状、区域发展不均衡以
及对中小型城市的支持力度过低、中小城市与中心城市的功能未能形成有
效对接的问题始终未能解决。

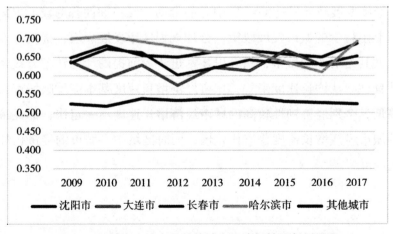

图5.8　区域中心城市及其他城市经济韧性历年折线图

5.3　数量分析结论

　　本章提出区域经济韧性的综合评估体系，构建了综合测度模型，得出如下结论：从时间序列上看，2013年以来，较低经济韧性和中等经济韧性的城市所占比例迅速增长，较强经济韧性城市所占比例骤减。从空间演化上看，较低经济韧性城市和低经济城市呈"集聚化"的分布。沿海地区城市经济韧性高于内陆地区，南部高于北部，东中部高于西部。沿海地区城市经济韧性高于内陆地区，南部高于北部，东中部高于西部。省际之间经济韧性吉林省最强，其次是辽宁省，黑龙江省最弱。从不同类型城市上看，资源型城市经济韧性较低，非资源型城市经济韧性高于资源型城市，不同资源型城市经济韧性的平均值呈现综合型城市>森工型城市>石油型城市>煤炭型城市>冶金型城市的趋势。从城市规模上看，城市规模与经济韧性存在一定的对应关系，规模越大的城市，经济韧性相对越高，其中超大城市的经济韧性远远领先于其他规模的城市。中小城市区位偏远，经济规模小，经济发展缺乏发达的经济中心的带动，经济韧性普遍较低。因此，应积极制定科学的城市发展政策，合理规划城市发展规模，提高产业技术水平，尤其是资源型城市，只有以技术进步为前提的产业转型升级才能提高经济韧性。从增长速度来看，城市经济增长速度基本能反映城市经济韧性的高低，个别经济韧性较高的城市经济增长速度不一定快，但经济韧性较低的城市经济增长速度普遍比较慢，同时区域中心城市的经济韧性远高于其他城市。

第6章 东北地区经济韧性影响因素实证分析

通过对区域经济韧性的测度与特征分析后，本章对东北地区经济韧性的影响因素进行实证分析。如前所述，区域经济韧性是区域经济系统应对外来冲击的能力，是区域经济系统的固有属性，而区域经济系统是区域经济韧性的物质载体，因此，对区域经济韧性的数量分析，可以通过评价区域经济系统中构成区域经济韧性的供给系统和社会系统来表达。而影响区域经济韧性的主要因素则是影响区域经济系统中的供给系统、社会系统的那些要素，也就是使供给系统、社会系统按特定方式发展而形成较为稳定的经济运行模式的要素。在此，本章选取了产业集聚、区域创新水平、空间品质及对外开放度作为区域经济韧性的影响因素，阐述其对区域经济韧性的影响机制。通过普通最小二乘估计、固定效应模型与随机效应模型的面板回归方法，分别对总体样本、分区域样本、不同规模和不同类型的城市样本进行实证检验。

6.1 区域经济韧性影响因素理论分析

产业集聚程度影响着区域经济系统受到外部冲击的强度，相互联系的企业和机构在地理上的集中，可以通过劳动力池的共享、知识外溢和规模经济实现效率的提高。产业创新及以此为依托的先进产业体系的构建，都必须借助于特定产业集聚构成的特定网络联系，因此产业集聚是实现一个产业在整体上进行技术进步的重要手段，产业集聚程度的提高进一步促进产业技术体系的升级与技术创新的产生，从而影响着相关产业体系对冲击的抵御能力以及在冲击后走向全新的增长速度与方式的能力。

区域创新水平也是区域经济韧性的重要影响因素，各个创新单元通过组织结构及其与环境的相互作用而实现创新功能，并对产业技术创新起到决定性影响，同时区域经济系统面对市场以及产业技术冲击，其韧性的体现在于是否具有强大的产业技术体系，实现产业升级是其依靠"韧性"实现回归经济增长过程的最终方式，区域创新水平决定着产业能否更好地实现向以传统产业为主导向以高端技术产业为主导的变革，建立强大的产业技术体系，进而走向全新的经济运行模式。

空间品质对供给系统和社会系统都会产生全面影响。空间品质这里主要强调的是城市空间作为吸引人才与技术的基本载体，一方面通过良好的基础设施吸引高层次的人才进入，提升区域人力资本与创新能力，另一方面，技术也选择空间。在源技术带动主干技术、旁支技术的形成、发展，并逐步构建产业技术体系的同时，不同的技术会依据其实现所需的资源、劳动力及信息等要素条件，选择不同的空间落脚，进而依托于该空间开展一系列生产活动。

对外开放度对区域经济韧性的影响存在着两面性，要针对区域异质性结合不同局限条件来看。从短期来看，对外依存度低、开放型经济拉动增长乏力的区域，在经历经济冲击或扰动时，由于其依赖的国外市场有限，对外贸易多元化格局远未形成，所受到的冲击要小于贸易多元化格局的地区。从长期来看，对外贸易可以互通有无，调剂余缺，调节资源的优化配置，区域通过吸收和引进区域外的先进技术，接受国际市场的竞争压力和挑战，从而促进区域产业技术水平的进步和劳动生产率的提高。

6.2 区域经济韧性影响因素实证分析

6.2.1 模型设定

为了检验东北地区经济韧性各影响因素与经济韧性之间的内在关系，构建以下模型：

$$\text{Resi}_{it}=C+\beta_1\text{IC}_{it}+\beta_2\text{Inv}_{it}+\beta_3\text{LnSpa}_{it}+\beta_4\text{Ftr}_{it}+\mu_i+v_t+\varepsilon_{it} \qquad （6\text{-}1）$$

其中，下标i代表区域；t代表时间年份；Resi_{it}为被解释变量；表示 i 区域在 t 时间的经济韧性；IC_{it}、Inv_{it}、LnSpa_{it}、Ftr_{it}，为解释变量，分别表示地区产业集聚、区域创新水平、空间品质和对外开放度；C为常数项；μ_i、v_t和ε_{it}则分别表示区域异质项、时间异质项以及随机误差项。

6.2.2 变量设计及数据来源

被解释变量：经济韧性（Resi_{it}）所采用的是根据第5章所构建的区域经济韧性综合评价体系所测算的经济韧性指标。

解释变量：产业集聚（IC_{it}）是衡量东北地区产业集聚程度的指标，基于传统的赫芬达尔-赫希曼指数，具体测算公式如下所示：

$$\text{IC}_{it}=\sum_{j=1}^{N}(S_{ij}/S_i)^2$$

其中，S_{ij}表示所测度城市 i 中，产业 j 的就业人口数；S_i表示城市 i 中总就业人口[①]。IC值越大，表示产业集聚化程度就越高。

区域创新水平（Inv_{it}）采用R&D经费投入强度来衡量，主要计算方法是R&D经费占公共财政支出的比重，其数值越大，则表示该区域技术创新

[①] 共选取了19个产业，第一产业包括农林牧渔业；第二产业包括采矿业、制造业、电力燃气及水的生产和供应业、建筑业、交通运输仓储及邮政业、信息传输计算机服务和软件业；第三产业包括批发和零售业、住宿餐饮业、金融业、房地产业、租赁和商务服务业、科研技术服务和资质勘探业、水利环境和公共设施管理业、居民服务和其他服务业、教育业、卫生社会保险和社会福利业、文化体育和娱乐业、公共管理和社会组织。

水平越高。

空间品质（$LnSpa_{it}$）基于苏晶蕾（2018）的研究方法，采用城市的人均货运总量作为代理变量进行衡量，并进行了取对数的处理，其数值越大则表示该区域的空间品质越优越。

对外开放度（Ftr_{it}）采用传统对外贸易依存度计算，即该城市进出口总额占GDP的比重，其数值越大则表示对外开放程度越高，同时对国际市场的依赖程度也越高。

样本数据以"年份×城市"为观测单元，采用了2009—2017年的面板数据进行计量分析。本次测算的原始数据主要来源于2010—2018年《中国城市统计年鉴》《辽宁省统计年鉴》《吉林省统计年鉴》《黑龙江省统计年鉴》以及其他各类统计年鉴、数据库和统计公报，对于无法从官方直接获取的数据，采取相关指标替代或估算，选取辽宁省、吉林省、黑龙江省34个地级以上的城市，其中包括辽宁省的14个城市，吉林省的8个城市（除延边朝鲜族自治州），黑龙江省的12个城市（除大兴安岭地区），如表6.1所示。表6.2则显示了总体回归被解释变量、解释变量的描述性统计量。由于区域异质性的存在，还将进一步对不同省份、不同规模、不同类型城市的经济韧性的影响要素进行回归分析。

表6.1　总体回归实证分析的样本城市

省份	城市
辽宁省	沈阳市、大连市、鞍山市、抚顺市、本溪市、丹东市、锦州市、营口市、阜新市、辽阳市、铁岭市、朝阳市、盘锦市、葫芦岛市
吉林省	长春市、吉林市、四平市、辽源市、通化市、白山市、松原市、白城市
黑龙江省	哈尔滨市、齐齐哈尔市、鸡西市、鹤岗市、双鸭山市、大庆市、伊春市、佳木斯市、七台河市、牡丹江市、黑河市、绥化市

表6.2　变量的统计性描述

变量	变量说明	N	平均值	标准差	最大值	最小值
Resi	经济韧性	306	0.545	0.060	0.709	0.423
IC	产业集聚	306	0.293	0.165	0.774	0.113
Inv	区域创新水平	306	0.095	0.078	0.151	0.006
LnSpa	空间品质	306	2.965	0.873	6.546	1.254
Ftri	对外开放度	306	0.061	0.050	0.284	0.002

6.2.3　面板数据检验

1.单位根检验

单位根检验是对序列的平稳性进行检验，如果面板数据不具有平稳性，则基于不平稳的面板数据所构建的计量模型会出现"伪回归"的情况，只有平稳，才可以构造计量模型。LLC检验是当前最为常用的单位根检验方法，适用于时间序列较短，但横截面数据较多的情况，同时也兼顾到截面的一致性与干扰项的序列问题。其检验原理采用的是ADF检验式的形式，不同的是其采用了Δy_{it}和y_{it}的剔除自相关和确定项影响的、标准化的代理变量。具体做法是先从Δy_{it}和y_{it}中剔除自相关和确定项的影响，并使其标准化，成为代理变量。然后用代理变量做ADF回归，$\hat{\varepsilon}_{ij}^{*} = \tilde{p}\tilde{\varepsilon}_{ij}^{*} + v_{it}$。LLC的修正的$t\hat{p}$渐进服从N（0，1）分布。LLC检验假定$H_0$：面板中的所有截面对应的序列是非平稳的，如果拒绝原假设，则可认为序列是平稳的。

表6.3　面板数据单位根检验结果

变量	LCC检验		
	统计量	P值	是否平稳
Resi	−7.625	0.026	平稳
IC	−4.467	0.000	平稳
Ftri	−8.352	0.000	平稳
Inv	−17.436	0.000	平稳
LnSpa	−13.472	0.000	平稳

检验结果表明（如表6.3所示），被解释变量Resi（经济韧性），解释变量IC（产业集聚）、Inv（区域创新水平）、lnSpa（空间品质）和Ftr（对外开放度）在1%或5%的显著水平下拒绝原假设，因此模型中的所有变量的相关序列都是平稳的。

2. 面板协整检验

在对序列的平稳性进行检验后，同时还要检验其是否存在统计学上的长期均衡关系，所以要进行面板协整检验，常用的方法有Kao检验和Pedroni检验，都是基于一阶协整检验的思想，检验残差是否平稳。Kao检验假定H_0：变量不具有协整关系。从检验结果表6.4可以看出，在1%的显著水平下拒绝原假设，说明具有长期均衡关系，因此可以对面板数据进行计量分析。

表6.4　面板协整检验结果

检验方式	Kao检验	
	t–statistic	p值
ADF	−7.432	0.000

6.2.4　总体回归结果

本书首先基于模型（6-1）分别使用普通最小二乘法（OLS）、固定效应模型（FE）和随机效应模型（RE）进行总体回归结果分析，表6.5中第一列为普通最小二乘法所估计出的解释变量对经济韧性的影响，第二列为固定效应模型的估计结果，第三列为随机效应模型的估计结果。首先，使用普通最小二乘法与固定效应模型进行模型参数的联合检验，得到Prob＞F的P值均为0.000，使用随机效应模型得到的参数联合检验 Prob＞chi2的P值为0.000，均都通过1%的显著性水平检验，因此表明模型的估计结果具有统计上的显著性。

表6.5　总体回归结果分析

解释变量	普通最小二乘估计（OLS）模型1	固定效应模型（FE）模型2	随机效应模型（RE）模型3
产业集聚（IC）	0.624***	0.453**	0.485***
	（3.433）	（2.137）	（5.214）
区域创新水平（Inv）	0.732***	1.205***	0.964***
	（4.956）	（6.358）	（5.025）
空间品质（LnSpa）	0.425***	0.696**	0.411**
	（6.236）	（2.031）	（3.697）
对外开放度（Ftr）	−1.623**	−1.091	−0.906
	（−2.256）	（−0.821）	（−1.163）
常数项（C）	0.682***	0.366***	0.552***
	（5.361）	（4.467）	（5.639）
F值	56.824	77.564	66.822
R^2	0.764	0.882	0.893
样本数量	306	306	306

注：采用的估计软件为Stata15.0，"***""**"和"*"分别表示在1%、5%和10%的显著性水平下显著，括号内为t值。

从表6.5的第二列所示结果来看，在不同的模型下产业集聚、空间品质、区域创新水平和对外开放度均在不同显著水平下通过了假设检验，这表明了以上解释变量在总体上对区域经济韧性产生影响。由于普通最小二乘估计忽略了面板数据所存在的时间异质性与区域异质性问题，因此在第三列和第四列分别引入固定效应模型和随机效应模型，然后通过Hausman检验方法来判断该面板数据该选择固定效应模型还是随机效应模型，检验结果表明，该样本面板数据1%的显著性水平下拒绝自变量与随机误差项不相关的假设，因此选择固定效应模型可以得到更有效的系数估计。

从各个解释变量对经济韧性的影响来看，固定效应模型估算的产业集聚（IC）的回归系数为0.453，且在5%的水平下显著，表明东北地区产业集聚程度的提高，有助于提升区域经济韧性。区域创新水平（Inv）的回归系数为1.205，且在1%的水平下显著。区域创新水平的提高意味着革命性的新概念、新技术、新产品会引发新旧替代，既可以加速产业和企业的兴衰，也会加速生产方式的变革，是提升经济效率最重要的途径。创新所带来的技术进步不仅改变了气候、地形、土壤及流域等地理空间的意义，同时还改变了区域的资源禀赋优势，更为区域抵御冲击，实现经济可持续增长提供核心动力。空间品质（LnSpa）的回归系数为0.696，且在5%的水平下显著，意味着空间品质的优化有助于加速产业空间体系的构建，整合区域产业链，从而提升区域经济韧性。对外开放度（Ftr）的回归系数为−1.091，没有通过10%显著性检验，说明东北地区的对外开放度并没有对区域经济韧性产生影响。这与东北地区外向型经济发展滞后有关，其中既存在由计划经济向市场经济转轨过程较慢，抑制了对外贸易的发展，东北地区特有的区位因素，尤其是吉林省和黑龙江省外贸易规模小、出口地单一、开放型经济拉动增长乏力，在受到外部冲击或扰动时，由于其依赖的国外市场有限，且东北三省对外贸易常年处在逆差状态，低附加值的产品的替代性比较强，寻找替代的进口市场相对容易，对外贸易依赖少数国家和市场，对外贸易多元化格局远未形成，所受到的冲击要小于贸易多元化格局的地区，因此对经济韧性的影响不显著。

6.2.5　分区域回归结果

以上的回归分析中，对东北三省各解释变量对经济韧性的相关关系进行了总体样本回归，但是东北三省的经济基础和产业水平存在着一定的差异，不同地区的解释变量与经济韧性的影响可能存在差异，因此将辽宁省、吉林省、黑龙江省样本进行分组回归很有必要。通过Hausman检验方法来判断该面板数据该选择固定效应模型还是随机效应模型，检验结果表明，该样本面板数据1%的显著性水平下拒绝自变量与随机误差项不相关的假设，因此选择固定效应模型可以得到更有效的系数估计，所以，基于模型（6-1），使用固定效应模型将辽宁省、吉林省、黑龙江省的样本进行分区域回归分析。表6.6显示了辽宁省、吉林省、黑龙江省各解释变量对经济韧性影响的估计结果。

表6.6 分区域回归结果分析

解释变量	辽宁省 模型1	吉林省 模型2	黑龙江省 模型3
产业集聚（IC）	0.379**	0.525***	0.436***
	（2.102）	（4.312）	（5.604）
区域创新水平（Inv）	1.434***	1.132***	1.005***
	（5.827）	（4.827）	（6.354）
空间品质（LnSpa）	0.342***	0.463***	0.576***
	（3.393）	（6.782）	（4.162）
对外开放度（Ftr）	−1.645**	−2.579	−1.482
	（−2.201）	（−1.103）	（−1.114）
常数项（C）	0.405***	0.347***	0.496***
	（3.923）	（3.253）	（5.649）
F值	75.369	83.674	79.564
R^2	0.793	0.844	0.823
样本数量	126	72	108

注：采用的估计软件为Stata15.0，"***""**"和"*"分别表示在1%、5%和10%的显著性水平下显著，括号内为t值。

从表6.6的回归结果可以发现，首先，在产业集聚上，辽宁省的回归系数是0.379，且在5%的水平下显著，吉林省和黑龙江省的回归系数是0.525和0.436，均在1%的水平下显著，表明东北三省提升产业集聚程度对经济韧性存在促进作用。其次，在区域创新水平上，辽宁省、吉林省和黑龙江省的回归系数分别为1.434、1.132和1.005，且都在1%的水平下显著，和总体回归结果一致，表明东北老工业基地的振兴既包括对当前产业的调整与改造，同时也包括对新兴产业体系的构建，区域创新水平的提升不仅会带来新技术的创造，同时也会带来技术转化能力的提升。从区域创新水平对经济韧性的促进作用表现上存在一定的区域性差异，辽宁省区域创新水平对经济韧性的促进作用最强，吉林省次之，黑龙江省最弱，产生这种差异的可能原因是各省在科学技术支出的力度上存在较大差异，2016年辽宁省科学技术支出51亿元，高于吉林省22亿元和黑龙江省13亿元。再次，在空间品质上，辽宁省、吉林省和黑龙江省的回归系数分别为0.342、0.463和0.576，且都在1%的水平下显著，表明各省空间品质的优化有助于区域经济韧性的提升。最后，辽宁省对外开放度的回归系数为−1.645，且在5%的水平下显著，吉林省和黑龙江省的对外开放度回归系数分别为−2.579，−1.482，没有通过10%显著性检验。其中原因是辽宁省拥有着沿海和沿边的区域优势，以及近年来沈阳综合保税区、大连保税区和丹东重点开放试验区的加速建设，外贸总量在东北三省处于遥遥领先的地位，2016年辽宁省的进出口总额达到865亿美元，吉林省和辽宁省仅有184亿美元和165亿美元。这和徐媛媛等（2017）的观点相似，对外贸易依存度越高的地区在国际经济危机中就越容易受到冲击。辽宁省相对庞大的贸易量会加剧受到冲击的可能性，因此辽宁省对外开放度水平的提高，会使经济韧性降低，反观黑龙江、吉林二省，进出口贸易额体量小，出口地单一，对外开放度对经济韧性的影响不显著。

6.2.6　不同规模城市回归结果

随着城市规模的扩大，城市聚集经济效应不断显现，完善的市政设施、便捷的通信手段、发达的交通运输和雄厚的人力资本提高了城市的运转效率，在第5章区域韧性的测度时得出城市规模与经济韧性存在一定的对应关系，规模越大的城市经济韧性相对较高的结论。不同规模的城市的解释变量与经济韧性的相关性可能存在差异，将东北三省的34个地级以上城市分为大城市和中小城市来研究各解释变量与经济韧性的相关关系。将100万人口以上的城市划为大城市，将100万人口以下的城市划为中小城市进行研究，如表6.7所示。

表6.7　不同规模城市实证分析的样本城市

城市规模	城市
大城市	沈阳市、哈尔滨市、长春市、大连市、吉林市、鞍山市、抚顺市、大庆市、齐齐哈尔市、盘锦市
中小城市	葫芦岛市、锦州市、营口市、本溪市、牡丹江市、辽阳市、绥化市、鸡西市、丹东市、佳木斯市、阜新市、伊春市、鹤岗市、朝阳市、四平市、松原市、白山市、白城市、七台河市、双鸭山市、辽源市、通化市、铁岭市、黑河市

通过Hausman检验方法来判断该面板数据该选择固定效应模型还是随机效应模型，检验结果表明，该样本面板数据1%的显著性水平下拒绝自变量与随机误差项不相关的假设，因此选择固定效应模型可以得到更有效的系数估计，所以，基于模型（6-1），使用固定效应模型对不同规模城市进行回归分析。表6.8显示了大城市、中小城市各解释变量对经济韧性的估计结果。

表6.8　不同规模城市回归结果分析

解释变量	大城市 模型1	中小城市 模型2
产业集聚（IC）	0.628*** （3.593）	0.284* （2.253）
区域创新水平（Inv）	1.406*** （6.950）	1.262*** （4.243）
空间品质（LnSpa）	0.643*** （4.453）	0.518 （1.205）
对外开放度（Ftr）	−0.928** （−2.735）	−0.457 （−1.107）
常数项（C）	0.548*** （5.270）	0.642*** （4.712）
F值	77.621	80.256
R^2	0.882	0.867
样本数量	90	216

注：采用的估计软件为Stata15.0，"***""**"和"*"分别表示在1%、5%和10%的显著性水平下显著，括号内为t值。

从表6.8的回归结果得到以下结论。首先，在产业集聚上，大城市的回归系数是0.628，在1%的水平下显著，中小城市的回归系数是0.284，在10%的水平下显著，表明大城市与中小城市产业集聚程度的提高对经济韧性产生正向影响，且大城市的影响幅度远高于中小城市，其中的原因是大城市具有更好的发展现代化的产业体系的条件，产业集聚能够更好地通过整个都市圈和城市群的经济规模促进产业的分工与协调。其次，大城市和中小城市区域创新水平的提升对经济韧性产生促进作用，回归系数均通过了1%的显著性水平检验，与总体回归和分区域回归结果相一致，这也进一步印证了提高区域创新水平有助于经济韧性的提升。再次，在空间品质上，大城市的回归系数为0.643，在1%的水平下显著，表明大城市对空间品质的优化均有利于区域经济韧性的提升。中小城市的回归系数为0.518，没有通过10%的显著性水平检验，表明中小城市空间品质对区域经济韧性的作用效果不显著，其中的原因是中小城市由于土地、资金、政策等要素的缺乏，对人才与技术的吸引有限，无法带动经济韧性提升。最后，大城市对外开放度水平回归系数为-0.928，且在5%的水平下显著，中小城市的对外开放度回归系数为-0.457，没有通过10%的显著性水平检验。可能的原因是大城市多为省会或沿海发达城市，城市开放度高，贸易体量大，2016年大城市进出口贸易额占东北三省总进出口贸易额的78%，中小城市贸易体量较小，因此对外开放度对经济韧性的影响不显著。

6.2.7　不同类型城市回归结果

区域异质性决定着不同地域空间之间在资源禀赋、地理位置、消费偏好、生产要素、产业发展和政策取向等方面存在着根本性差异的基本特征，东北地区资源型城市众多，在第5章区域韧性的测度时，得出资源型城市经济韧性较低普遍较低，资源型城市和非资源型城市经济发展模式存在差异，导致不同类型的城市的解释变量与经济韧性的相关性可能存在差异，将东北三省的34个地级以上城市划分为非资源型城市和资源型城市来研究各解释变量与经济韧性的相关关系，如表6.9所示。

表6.9 不同城市类型实证分析的样本城市

城市类型	城市
非资源型城市	沈阳市、哈尔滨市、长春市、大连市、四平市、锦州市、丹东市、绥化市、齐齐哈尔市、白城市、营口市、佳木斯市、朝阳市、辽阳市、铁岭市
资源型城市	通化市、牡丹江市、松原市、辽源市、吉林市、盘锦市、黑河市、葫芦岛市、白山市、伊春市、抚顺市、本溪市、七台河市、大庆市、鸡西市、鞍山市、阜新市、双鸭山市、鹤岗市

通过Hausman检验方法来判断该面板数据该选择固定效应模型还是随机效应模型，检验结果表明，该样本面板数据1%的显著性水平下拒绝自变量与随机误差项不相关的假设，因此选择固定效应模型可以得到更有效的系数估计，所以，基于模型（6-1），使用固定效应模型对不同类型城市进行回归分析。表6.10显示了非资源型城市、资源型城市解释变量对经济韧性的估计结果。

表6.10 不同类型城市回归结果分析

解释变量	非资源型城市 模型1	资源型城市 模型2
产业集聚（IC）	0.534***	0.134*
	（3.284）	（2.351）
区域创新水平（Inv）	0.724***	0.556***
	（6.640）	（4.624）
空间品质（LnSpa）	0.689***	0.276
	（6.038）	（1.042）
对外开放度（Ftr）	-0.792**	-0.684
	（-2.125）	（-0.566）
常数项（C）	0.455***	0.844***
	（4.596）	（6.428）
F值	86.424	80.097
R^2	0.884	0.873
样本数量	135	171

注：采用的估计软件为Stata15.0，"***""**"和"*"分别表示在1%、5%和10%的显著性水平下显著，括号内为t值。

从表6.9的回归结果得到以下结论。首先，非资源型城市产业集聚的回归系数是0.534，在1%的水平下显著，资源型城市产业集聚的回归系数是0.134，在10%的水平下显著，表明产业集聚程度的提高有助于提升经济韧性。其次，非资源型城市和资源型城市区域创新水平的回归系数均通过了1%的显著性水平检验，表明区域创新水平的提高有助于技术创新来改造资源型产业或发展接续产业，从而提升经济韧性。再次，非资源型城市的空间品质对区域经济韧性呈现促进作用，且在1%的水平下显著，而资源型城市的空间品质的影响不显著。最后，非资源型城市对外开放度水平回归系数为–0.792，且在5%的水平下显著，中小城市的对外开放度回归系数为–0.684，没有通过10%显著性检验，其中的原因是非资源型城市产业结构相对合理，城市开放度高，贸易体量大，而资源型城市贸易体量小，对外贸易依存度低。

6.3　数量分析结论

在本章中，使用了最小二乘法、固定效应模型和随机效应模型对东北三省34个地级以上城市的整体样本、分区域样本、不同规模城市样本、不同类型城市样本进行回归分析，通过实证检验产业集聚（IC）、区域创新水平（Inv）、空间品质（LnSpa）和对外开放度（Ftr）对区域经济韧性的影响。最终得到了以下具体结论。

从总体样本回归结果来看，当前东北三省提高产业集聚程度、区域创新水平和空间品质有助于经济韧性的提升，对外开放度的提高反而会降低经济韧性。从分区域回归结果来看，辽宁省区域创新水平对经济韧性的促进作用最强，吉林省次之，黑龙江省最弱；各省份提高产业集聚程度、空间品质有助于区域经济韧性的提升；由于辽宁省外贸总量在东北三省处于遥遥领先的地位，辽宁省对外开放度的提高，会使经济韧性降低，吉林省和黑龙江省进出口贸易额体量小，出口地单一，对外开放度对经济韧性的影响不显著。从不同规模城市回归结果来看，大城市与中小城市产业集聚程度的提高对经济韧性产生正向影响，且大城市的影响幅度远高于中小城市；大城市和中小城市区域创新水平对经济韧性呈现显著作用；大城市的空间品质对经济韧性产生正向影响，对中小城市影响不显著；大城市多为省会或沿海发达城市，城市开放度高，贸易体量大，对外开放度的提高降低了经济韧性。从不同类型城市回归结果上看，产业集聚、区域创新水平对不同类型城市的经济韧性均起到促进作用；非资源型城市空间品质对经济韧性影响显著，对资源型城市的影响不显著；非资源型城市对对外开放度的提升会降低经济韧性。

第7章　东北地区产业升级与经济韧性溢出效应分析

　　前文阐述了供给系统是外部冲击的直接对象，也是应对外部冲击的关键要素，区域经济系统在市场、政策、环境的冲击下实现产业升级是其依靠"韧性"实现回归经济增长过程的最终方式。2003年，国家正式启动东北振兴战略以来，东北地区没有大力"开源"进行自主核心技术的研发与创新，而是一味注资扶植传统优势产业，以全盘引入国外资本和技术的既有战术试图重振"辉煌"，这样的增长方式因只追求复原而结果表现为长期深入的衰退，2014年起东北经济再次出现下行态势便已充分证明这一点。在当前新产业革命的背景下，产业技术日新月异，而绿色发展大势所趋，几乎所有国家、所有区域都面临着增长方式变革、区域经济系统重建的课题，因此，区域经济向原来的经济运行方式、原来的增长过程的回归已经难以实现，区域经济系统只有通过技术进步，从内涵上带来经济发展方式的转变，以及在其载体上带来产业体系的发展，才能形成强大的经济韧性①。第5章和第6章的分析都是将东北地区城市看作相互独立的个体，并没有对各城市在地理空间上的影响进行研究，而空间对技术的形成起到一定作用，产业技术体系中源技术的形成，必须依托于特定地域空间的资源禀赋与要素特征。同时，随着东北老工业基地战略的进一步推进，东北三省之间的合作变得越发紧密，区域经济一体化的发展使城市之间的联系与相互影响日益加强，区域的空间自相关性不容忽视。当前学者们主要采用传统面板数据模型考察产业结构对区域经济韧性的影响，存在一定的局限

---

① 陈强.吉林市产业转型升级研究［D］.长春: 吉林大学, 2018.

性，当前空间同质性假设难以解释二者之间的复杂关系，因此本章将空间因素引入实证模型之中，从产业多样化与产业专业化对区域经济韧性影响的视角，分析了产业多样化与专业化的理论机制，测度了空间溢出效应，探究东北地区产业选择与产业转型升级问题，从而构建具有韧性的区域经济系统。

7.1　产业结构与区域经济韧性理论分析

区域经济发展多样化还是专业化的产业结构是经济学中一个长期争论的话题，区域经济韧性的概念为此项争论带来了一个全新的视角。许多学者从多个角度解释了产业结构对区域经济韧性的影响，Martin等（2006）认为多样化的产业结构不仅可以缓解外部冲击对区域经济造成的影响，同时还有利于区域经济在冲击过后快速回到原来的增长过程中。Brown等（2017）通过以美国俄亥俄州35年来县级就业数据为样本研究产业结构与经济韧性之间的关系，结果表明，在遭受外部冲击后，产业结构多样化的县经济韧性更强。王琛等（2018）的研究发现在中国现阶段的社会经济背景下，以龙头企业引领的地方产业结构比中小企业为主的多样化产业结构更能抵御外部危机和风险。当前的学者们就产业结构对区域经济韧性的影响的研究并未达成一致，形成了以下两种观点，第一种观点是由于外部的冲击直接影响的是一个或几个产业，产业结构多样化能够有效分散风险，而对于专业化的产业结构，一旦主导产业遭到冲击，短期内无法寻找到接替产业，工人的劳动技能也存在单一化的情况，重新就业的机会变得更少，导致经济韧性进一步降低[1][2][3]。第二种观点是最先受到冲击的是经济优势较弱的企业，专业化的产业结构，企业间在学习、匹配、共享的作用下，会进一步提升自身竞争力，更好地抵御冲击[4][5]。一个区域产业结构的专业化的进程由区位指向、集聚经济、创新网络这三种机制促进的，刻意寻求产业结构多样化发展而忽视了专业化的生成机制，反而会降低区域经济韧性[6]。

对于当前东北地区而言，传统优势产业带来的外部规模经济导致产业发展因而产生路径依赖，使区域在面对正向的外力时无法抓住机会，及时转变经济运行模式。东北地区重工业占比高，专业化的基础设施需要高昂的资本投资，进而产生巨大的退出壁垒，使得东北地区在面临外部冲击的时候出现转型困难的情况[7]。但也有另一种观点认为，如果重工业企业规模不够大，专业化程度不够强，则无法获得稳定的利润，在受到冲击时的转型会变得更加困难，只有产业发展到一定规模，才能获得更多的资源，具有更强的竞争力，才能抵御市场的变化[8]。也有学者认为区域产业选择上，新产业革命到来改变着产业选择的前提条件，当前需求对市场的决定性作用日益显现，东北地区产业结构的选择应跳出传统的区域分工和主导产业

① Hassink R. Limits to Locking-out through Restructuring: The Textile Industry in Daegu, South Korea [J]. Regional Studies, 2009, 43(9): 1183-1198.

② Xu Y, Warner M E. Understanding employment growth in the recession: the geographic diversity of state rescaling [J]. Cambridge Journal of Regions, Economy and Society, 2015, 8(2): 359.

③ 徐媛媛, 王琛. 金融危机背景下区域经济弹性的影响因素—以浙江省和江苏省为例 [J]. 地理科学进展, 2017, 36(8): 986-994.

④ Todo Y, Nakajima K, Matous P. How do supply chain networks affect the resilience of firms to natural disasters? Evidence from the Great East Japan Earthquake [J]. Journal of Regional Science, 2015, 55(2): 209 - 229.

⑤ Cuadradoroura J R, Maroto A. Unbalanced regional resilience to the economic crisis in Spain: a tale of specialisation and productivity [J]. Cambridge Journal of Regions, Economy and Society, 2016, 9(1): 153 - 178.

⑥ 胡树光. 区域经济韧性: 支持产业结构多样性的新思想 [J]. 区域经济评论, 2019(1): 143-149.

⑦ 孙久文, 孙翔宇. 区域经济韧性研究进展和在中国应用的探索 [J]. 经济地理, 2017, 37(10): 2-9.

⑧ Nakamura R. Agglomeration economies in urban manufacturing industries: A case of Japanese cities [J]. Journal of Urban Economics, 1985, 17(1): 108-124.

两个角度去衡量，不应忽视需求和新产业革命的重要影响①。从以往学者的研究结果可以看出，目前研究对产业结构对区域经济韧性的影响存在争议，不同局限条件下所产生的结果大不相同，究其原因是在研究过程中忽视了空间异质性所带来的区域差异，空间异质性决定着地域空间之间在自然禀赋、地理人文、消费偏好、生产要素、产业发展和政策取向等方面存在着根本性差异，因此产业选择与产业转型升级的方向也大不相同。

有些学者认为发展产业多样化会降低外部冲击带来的风险，但同时也存在着投资越分散成本越高的情况，原有的具有比较优势的产业的技术积累无法兼用于其他产业，如一个在汽车产业具有比较优势的区域，不一定在轻纺产业能够大有发展，原有产业的技术积累与资产无法用于新的产业，这其中存在着分散风险的好处，但也有信息费用、交易费用增加的成本，分散的产业投资能否带来风险的降低是不确定的。然而为什么有区域在大力发展产业的多样化？其中的原因则是在边际效益递减定律的支配下，单一产业的收益越来越低，因此在新的产业领域进行开拓，如果一个产业在边际收益递增的阶段，则会在单一产业上大力发展，毕竟收益在逐步提高，但即便是附加值较高的产业，收入再高犹有竟时，随着产量的不断提升，最终转为边际收益递减，所以在产业专业化发展到一定程度时，应逐步转向多样化发展。如果在单一产业的收入很高，利润在逐年增长的阶段，则可以继续在当前产业继续扩张，要进行其他产业领域的扩张那也是在具有一定产业基础的情况下扩张，其相关技术经验可以共用，如传统汽车和新能源汽车在底盘、车身结构等设计制造方面的经验依然可以共用，谷歌在算法方面处于领先地位，在智能汽车的研发上技术可以共用，这属于上头成本（overhead cost）②，在短期内收入无法弥补直接成本依然可以继续维持，如果发展一个上头成本无法共用的产业，那所有的成本都是直接成本，收入略微下降便有资金链断裂的风险。但如果区域发展与其

① 赵儒煜.论东北地区产业选择的普遍性与特殊性 [J].社会科学辑刊，2018（1）：55-66.
② 关于上头成本（overhead cost）的定义，参见张五常《经济解释》卷二，第六章—生产的成本，李俊慧《经济学讲义》第十三讲—直接成本与上头成本

自身产业基础无关的产业，技术积累（上头成本）无法共用，在受到外部冲击时，反而会使区域经济系统变得更加脆弱。

因此，在发展新产业，提升区域经济韧性，推动产业转型升级的过程中，首先，原来的技术积累、相关经验、人才（上头成本）可以兼用，也就是说创新要基于现有技术，除非旧产业已走到生命周期的尽头，边际收益处于下降阶段，方能破旧立新。在一切成本都是直接成本的情况下，反而会增加区域经济系统的风险，降低区域经济韧性。其次，发展产业多元化的前提是新产业的边际收入要足够高，也就是旧产业的收入过低或者新产业的收入很高，并且现有产业的边际成本递减到失去比较优势或者 $MR=MC$ 已达最大化，继续下去的趋势将是平稳发展甚或下降，同时新产业的发展前景良好，此时大力开拓新产业可以提升收入，抵御对旧产业冲击的风险，提升区域经济韧性。在单一产业没有做大做强的情况下，急于发展非相关的产业，反而增加了区域经济系统的风险，如果在单一产业已经发展壮大的情况下，固守于此的话，迟早要面临产业的"边际收益递减定律"的束缚，但对于传统产业占比较高的区域而言，高新技术产业发展缓慢，盲目发展无关的产业结构，其边际成本上升会来得很快，在这种局限下，专业化要好过多样化。

7.2　产业结构对区域经济韧性的空间溢出效应分析

由于区域间产业结构存在差异，主导产业类型和产业技术水平也不尽相同，各个区域产业之间以不同上下游产业链连接而成，这一过程具体反映到经济活动的最小单元企业以及由此而形成的产业和产业体系之中，各个产业部门之间通过一定的技术经济相互联系。在受到外部冲击时，其中一个地区的产业结构对冲击表现出其受到外力的特征，并对冲击做出反应，这其中也会对空间内其他经济系统产生影响，当产业链的其中一环受到影响时，尤其是处于核心价值链的产业受到影响时，会对其他上下游处在周围地区的产业产生冲击，例如汽车产业的销量受到冲击，则会带来对汽车零部件厂商以及汽车服务业部门经营的影响。对于原来的增长过程被打断，其中一个区域适应新环境的运行模式时，其产业结构的变化不仅决定本区域，也决定着其他区域能否走上全新的增长态势，通过技术创新、产业创新实现由低端产业向高端产业的转换，从而带动周边区域从低端分工的链条环节向高端分工的链条环节转换，如新能源汽车的快速发展，则会带动周边地区关于锂电池制造、研发以及新能源汽车其他零部件的制造和研发产业的迅速发展；互联网技术的不断突破，也会使基站、天线、光缆、芯片及射频器件等通信设备相关产业迎来快速发展期。由此可见，区域产业结构的不同，不仅对处在本地这一环节的产业链在面对外部冲击时能否维持原来的运行模式产生影响，对于原来的增长过程被打断，需要重新构建新的运行模式时，本地能否实现产业结构的转型升级，也会对相关产业链的临近地区产生截然不同的经济运行模式，区域间产业生产过程中的变化会通过产业关联关系波及其他地区产业，从而构成了对区域经济韧性影响的溢出效应。

7.3 东北地区产业选择与转型升级

对于当前的东北地区而言，发展多样化还是专业化的产业结构也要根据目前的局限条件，第一，在自然资源禀赋方面，2015年东北地区石油、天然气、煤炭、铜、铁占全国比重分别为22%、4%、4%、7%、27%，淡水资源也仅占5%，由此可见，东北地区自然资源禀赋和全国相比并无优势可言，继续发展资源型产业是行不通的。但在农业方面，东北地区冬夏温差大，适于农作物生长，耕地面积占全国的20%左右，对发展大规模机械化农业有着得天独厚的优势，尤其是三江平原与松嫩平原夏季温暖、土壤肥沃，适合多种粮食作物与经济作物的种植。

第二，在劳动力规模上，东北地区近年来人口流失严重，2017年，辽宁省、吉林省、黑龙江省人口流出分别为8.9万、15.6万、10.5万，从人口出生率来看，三省人口出生率分别为6.49‰、6.76‰、6.22‰，大大低于全国12.43‰的平均水平；三省的人口自然增长率分别为−0.44‰、0.26‰和−0.41‰，同样大幅低于全国5.32‰的平均水平。随着东北老龄化比重的逐步加剧，劳动力比重将会进一步下降，因此东北地区已不适合发展劳动密集型产业。

第三，东北地区传统优势产业占据核心位置，且多为处于低附加值的过剩产业，新兴产业发展速度缓慢，科技与经济发展融合度低，增长过度依靠投资拉动。东北地区所制造的大重型机器设备在新中国成立后三十年间曾源源不断地供应全国，随着改革开放与对外贸易的不断发展，该项技术优势有所衰退。但近年来，随着国家基础设施建设投资的不断扩张，该领域取得了高速发展，如高铁机车、海洋工程、盾构机等大型工程配件制造业，目前东北地区在全国仍占据主导地位。同时在大型工业设备制造方面，如冶金工业设备制造、电力工业设备制造、化工设备制造、石油工业设备制造，还有高档的数控机床、船舶制造等目前也处在领先位置。

第四，所有制结构单一，央企、国企所占比重过高，企业规模大，且多为资源型行业，受到资源枯竭、大宗商品市场、经济周期等影响较大，民营企业受到诸多行政壁垒影响，所占经济体量较小，非公有制经济发展滞后导致市场化机制难以实现。

因此，在现有局限条件下，东北地区并不具备发展产业多样化的条件，在自然资源禀赋、人力成本、技术研发和市场的广阔度等方面均不具备比较优势。在当前，重化工业产业体系骨干产业的生命周期已经走到末期，处在边际收益递减阶段。因此，东北地区不得不放弃传统优势产业，寻求经济新增长点，完成产业转型升级，一方面需要根据自身相关经验、人才（上头成本）可以兼用，在自身具有的源技术的基础上，如汽车、石化、重型机械制造的基础上，同时抓住第四次产业革命的方向，市场向新产业的转型。另一方面，根据东北地区自身资源禀赋的优势去发展新的主导产业。充分利用土地肥沃、地势平坦、耕地集中连片的优势，在大规模机械化耕作的基础上，进行粮食的深加工处理，发展高端农业；根据当地盛产名贵中药材的优势，大力发展医药产业以及生物制药产业基础的大健康产业；以及利用冬季时间长的特点，发展冰雪旅游、冰雪赛事相关的旅游业和体育产业。

因此，应根据自身源技术和资源禀赋来发展新产业，抓住区域竞争力优势所在，集中力量发展主导产业，通过区域内相关配套产业的建设带动经济的整体发展，从而实现经济运行模式的转换，而不是忽视自身比较优势，盲目走大而全的产业布局。尤其是计划时期所形成的重工业产业系统在一定程度上误导了决策者，认为东北地区发展重工业存在可行性，但除石油开采这种存在自然资源禀赋的产业外，其他产业并不具备比较优势，当年计划经济年代不顾市场的客观条件，硬是用行政手段在东北发展起重工业，在我国全面实现市场经济的今天，由市场竞争决定胜负，东北地区其实不是靠市场而是靠行政手段发展起来的产业已然被市场竞争淘汰出局。

7.4　实证检验

7.4.1　研究假设

假设1：产业多样化对区域经济韧性存在空间溢出效应。

产业多样化之所以对区域经济韧性存在空间溢出效应可能的原因如下。如图7.1所示，第一，本地产业与互补产业之间不存在直接竞争关系，因此多样化的产业结构能加强技术交流，促进知识溢出与创新活动，从而带动临近地区提升区域技术水平。不同产业之间的共同发展在避免同质化的恶性竞争所带来的集聚经济的同时，有助于受到冲击的产业向周边地区扩散，从而寻求新的发展机会、开辟新市场、减小竞争压力。第二，企业对产品品种选择的多样化能为临近地区的企业生产带来更多选择，从产业的关联效应来看，企业间建立起相互之间的"前向关联"和"后向关联"，企业间生产范围得到扩大，更好地建立与周边地区生产的协作关系，形成密切的前向与后向关联，从而实现区域间的专业分工以及完善产业价值链的构建，使各个区域都不依赖单一的产业体系发展，有效避免专业化带来的认知锁定及经济增长方式的路径依赖。第三，各种不同的产业所经历的产业周期也各有不同，产业之间的协作关系不会轻易断裂，也不会因一个产业受到冲击而给周边地区企业带来一损俱损的情况，由于产业的多样化，工人胜任不同工作的能力得到培育，在其中一个产业受到冲击时，流入其他本市或周边城市产业进行生产，失业的工人就可以很快重新就业，不会因为某一产业的巨大冲击而造成生产力的大幅下滑，保证不同区域所共同建立的产业链的稳定，更减少了人才的外流，本地和周边地区生产之间相互协作和相互补偿，从而提升区域经济韧性。

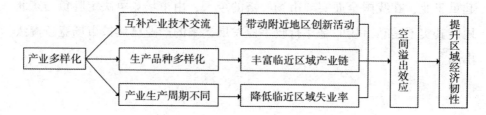

图7.1　产业多样化对区域经济韧性空间溢出效应传导示意图

假设2：产业专业化对区域经济韧性存在空间溢出效应。

产业专业化对区域经济韧性存在空间溢出效应可能的原因如下。如图7.2所示，第一，产业专业化程度提高，发展较好的地区可以给周边地区起到示范带动的作用，技术和知识在区域间得到快速传播，以相似的技术为纽带，引导企业在相关领域进行合作，将技术固定在几个领域，同时有着较强的相关性，使专业化的产业之间能够充分进行知识交流，从而带动临近落后地区通过技术进步改进生产方式、提高生产效率。第二，专业化的投入有利于扩大中间投入品与专业化服务的市场容量，从而可以发挥中间投入品或专业化服务生产的规模经济效应，降低本地和临近地区的企业的投入成本。由于企业的地理位置相互临近，又处于同一产业之内，企业间相互交流与交易变得频繁，通过相互之间的信息交换、模仿及高技术人才的流动，新的创意和思路有助于在一个区域的产业之间快速传播，各地区相关产业实现一荣俱荣的情况，最终提升区域经济韧性。第三，对于资源禀赋相对匮乏的区域，即自然资源、劳动力资源以及社会投资都在逐年萎缩的区域而言，尤其是在产业技术变革的重要阶段，专业化的产业结构能够帮助这类萧条区域更有效地选择适合本区域产业技术基础的、在区域内具有一定产业关联度、符合当前市场需求的主导产业，临近地区辅以配套的关联产业，强化产业链建设，从而有效拉动区域经济发展，提升区域经济韧性。

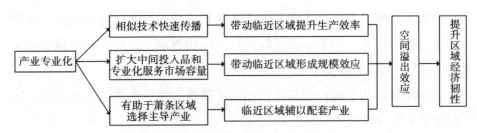

图7.2　产业专业化对区域经济韧性空间溢出效应传导示意图

7.4.2　模型方法

在引入空间变量之前首先构建产业多样化、产业专业化与区域经济韧性之间的关系：

$$Resi_{it}=C+\beta_1 Mull_{it}+\beta_2 Fixl_{it}+\beta_3 Hum_{it}+\beta_4 Inv_{it}+\varepsilon_{it} \qquad （7-1）$$

其中，下标 i 代表区域城市；t 代表时间年份；$Resi_{it}$ 为被解释变量，表示 i 区域在 t 时间的经济韧性；$Mull_{it}$、$Fixl_{it}$、Hum_{it}、Inv_{it} 为解释变量，分别表示地区产业多样化指数、专业化指数、人力资本、区域创新水平；C 为常数项；ε_{it} 为随机误差项。

1. 变量设计

被解释变量：经济韧性（$Resi_{it}$）所采用的是根据第5章所构建的区域经济韧性综合评价体系所测算的经济韧性指标。

解释变量：对于地区产业多样化指数（$Mull_{it}$），本书采用改进的赫芬达尔-赫希曼指数的倒数来测算。专业化指数（$Fixl_{it}$）采用樊卓福（2007）

的研究方法，被测量城市的就业人数最多的行业的就业人数所占总就业人数的份额衡量。其表达式分别如下：

$$\text{Mull}_{it} = \frac{1}{\sum_j \mid S_{ij} - S_j \mid}$$

$$\text{Fixl}_{it} = \text{Lnmax}_j \left(\frac{S_{ij}}{S_j} \right)$$

其中，S_{ij} 表示所测度城市 i 中，产业 j 的就业人口数在该城市总就业人口数所占的比例；S_j 表示城市 i 中，产业 j 的就业人口数在全国所有城市产业 j 就业人口数中所占的比例[1]。对于多样化指数而言，所计算得出的数值越大，则表示区域具有更加多样化的产业结构，对于专业化指数而言，所计算得出的数值越大，则表示该区域的产业结构越单一，经济发展越依赖于单一产业。

控制变量：为了进一步提高模型的准确性，本章选取了人力资本、区域创新水平作为控制变量。

人力资本（Hum_{it}）采用的是地区高校生占总人口比重，其数值越大则表示该区域人力资本水平越高。

区域创新水平（Inv_{it}）采用R&D经费投入强度来衡量，主要计算方法是R&D经费占公共财政支出的比重，其数值越大则表示该区域对新技术的创造能力及吸收能力越强。

2. 数据来源

本书样本数据以"年份×城市"为观测单元，测算了2009—2017年东北地区34个地级以上城市的经济韧性、产业多样化、产业专业化、人力资本和区域创新水平。本次测算的原始数据主要来源于2010—2018年《辽宁省统计年鉴》《吉林省统计年鉴》《黑龙江省统计年鉴》《中国城市统计年鉴》以及其他各类统计年鉴、数据库和统计公报，对于无法从官方直接

---

[1] 共选取了19个产业，第一产业包括农林牧渔业；第二产业包括采矿业、制造业、电力燃气及水的生产和供应业、建筑业、交通运输仓储及邮政业、信息传输计算机服务和软件业；第三产业包括批发和零售业、住宿餐饮业、金融业、房地产业、租赁和商务服务业、科研技术服务和资质勘探业、水利环境和公共设施管理业、居民服务和其他服务业、教育业、卫生社会保险和社会福利业、文化体育和娱乐业、公共管理和社会组织。

获取的数据，采取相关指标替代或估算。本书所选取辽宁省、吉林省、黑龙江省34个地级以上的城市，其中包括辽宁省14个城市，吉林省8个城市（除延边朝鲜族自治州），黑龙江省12个城市（除大兴安岭地区）。

表7.1　变量的描述性统计

变量	变量说明	N	平均值	标准差	最大值	最小值
Resi	经济韧性	306	0.545	0.060	0.709	0.423
Mull	产业多样化	306	1.172	0.067	1.321	0.969
Fixl	产业专业化	306	5.166	0.636	6.320	3.549
Hum	人力资本	306	0.016	0.027	0.076	0.002
Inv	区域创新水平	306	0.095	0.078	0.151	0.006

3. 研究方法

是否要在原模型的基础上加入空间效应，取决于东北地区的经济韧性、产业多样化、产业专业化、人力资本和区域创新水平这五个变量是否存在空间自相关性特征。

空间自相关是指一地发生的时间、行为或现象会直接或间接地影响到另一地发生的时间、行为或现象。空间计量模型基于空间权重矩阵对原有线性回归模型进行修正，在原有模型中加入空间因素的计量方法，空间自相关是空间相关性的核心内容，是用来测定空间某点的观测值是否与其相邻点的值存在相关性的一种分析方法。因此在构建模型前需要进行空间自相关性检验，如果存在空间自相关，表明传统计量模型的估计结果存在一定的偏差。空间自相关检验主要有Moran's I、Robust LM-lag、LM-lag指数等，主要是基于极大似然估计的假设检验，原假设是H_0：$\rho-0$或$\lambda-0$，当前研究中最为常用的Moran's I指数。

Moran's I指数的定义为

$$\text{Moran's } I = \frac{n \sum_{i=1}^{n} \sum_{j=1}^{n} W_{ij}(x_i - \bar{x})(x_j - \bar{x})}{S_2 \sum_{i=1}^{n} \sum_{j=1}^{n} (x_i - x_j)^2}$$

其中，$S^2 = \dfrac{1}{n} \sum_{i=1}^{n} (x_j - \bar{x})$；$\bar{x} = \dfrac{1}{n} \sum_{i=1}^{n} x_i$；$i$, j=1，2，3，…，

n，Moran's I的取值范围为 $[-1，1]$，如果Moran's I指数大于0，则认为测算的变量呈现空间正相关，相关程度随着Moran's I指数的变大而提升，如果Moran's I指数小于0，则认为测算的变量呈现空间负相关；如果Moran's I指数等于0，则认为测算的变量不具有空间自相关。用标准化Z统计量来检验空间相关系数的显著性，表达式为

$$Z = \frac{\text{Moran's } I - E(I)}{\sqrt{\text{VAR}(I)}}$$

其中，$E(I)$ 为Moran's I的期望值；VAR（I）为Moran's I的标准差。在计算 Moran's I指数时，第一步需要构建空间权重矩阵，构建空间权重矩阵常用的方法有三种，第一种是根据地理距离的倒数来构建空间权重矩阵，第二种是根据空间是否相邻构建空间邻接矩阵，第三种是根据经济距离的倒数来设定空间权重矩阵。

由于在经济学领域，不仅要考虑两个区域之间的地理距离，还不能忽视区域之间经济发展水平、资本流动及劳动力流动等因素，因此本书跟据经济距离的倒数来设定空间权重矩阵，经济距离矩阵空间权重矩阵依据城市间人均收入水平的差距的倒数来设定，两个城市之间收入差距越小，则经济水平越接近，因而赋予较大的权数，反之则赋予较小的权数，定义如下：

$$W_{ij} = \begin{cases} \dfrac{1}{|\bar{x}_i - \bar{x}_j|}, & 若 \ i \neq j \\ 0, & 若 \ i = j \end{cases}$$

其中，$\bar{x}_t = \sum_{t=T_0}^{T} X_{it} \dfrac{1}{T - T_0}$；$X_{it}$表示第 i 市 t 年的实际人均GDP水平。本书基于《中国城市统计年鉴》获取的2017年人均GDP数据以及东北地区34个地级以上城市的地理坐标设定经济距离矩阵。

表7.2显示了东北地区34个地级以上城市在2009—2017年各年中全局Moran's I指数，结果表明五个变量的Moran's I指数在2009—2017年均通过了显著性检验，表明东北地区的经济韧性、产业多样化、产业专业化、人力资本和区域创新水平存在显著的空间自相关性，如表7.2所示。

表7.2　2009—2017 年全局Moran's I 指数

年份	Resi	P-value	Mull	P-value	Fixl	P-value	Hum	P-value	Inv	P-value
2009	0.053	0.006	0.115	0.001	0.062	0.001	0.072	0.001	0.097	0.000
2010	0.075	0.000	0.117	0.000	0.035	0.001	0.076	0.001	0.102	0.001
2011	0.054	0.003	0.122	0.001	0.044	0.001	0.069	0.001	0.102	0.000
2012	0.073	0.000	0.104	0.000	0.037	0.000	0.083	0.000	0.104	0.000
2013	0.035	0.001	0.124	0.000	0.062	0.000	0.081	0.000	0.112	0.000
2014	0.077	0.000	0.111	0.000	0.046	0.000	0.079	0.000	0.108	0.001
2015	0.059	0.002	0.103	0.001	0.034	0.002	0.092	0.000	0.111	0.000
2016	0.062	0.001	0.112	0.001	0.039	0.000	0.090	0.000	0.113	0.000
2017	0.065	0.001	0.107	0.000	0.042	0.000	0.088	0.000	0.121	0.001

7.4.3　空间面板模型的设定

通过上文的空间自相关检验可以得出东北地区的经济韧性、产业多样化、产业专业化、人力资本和区域创新水平存在显著的空间自相关性。因此需要在模型（7-1）的基础上加入空间效应进行分析，空间计量模型包括空间滞后模型（SLM）和空间误差模型（SEM）、空间杜宾模型（SDM），以上三种模型所建立的表达式如下：

（1）空间滞后模型（SLM）：

$$\text{Resi}_{it}=C+\rho W \times \text{Resi}_{it}+\beta_1 \text{Mull}_{it}+\beta_2 \text{Fixl}_{it}+\beta_3 \text{Hum}_{it}+\beta_4 \text{Inv}_{it}+\mu_i+\nu_t+\varepsilon_{it} \qquad （7-2）$$

（2）空间误差模型（SEM）

$$\text{Resi}_{it}=C+\beta_1 \text{Mull}_{it}+\beta_2 \text{Fixl}_{it}+\beta_3 \text{Hum}_{it}+\beta_4 \text{Inv}_{it}+\mu_i+\nu_t+\tau_{it} \qquad （7-3）$$

$$\tau_{it}=\gamma W \times \tau_{it}+\varepsilon_{it}$$

（3）空间杜宾模型（SDM）

$$\text{Resi}_{it}=C+\rho W \times \text{Resi}_{it}+\beta_1 \text{Mull}_{it}+\beta_2 \text{Fixl}_{it}+\beta_3 \text{Hum}_{it}+\beta_4 \text{Inv}_{it}+\beta_5 W \times \text{Mull}_{it}+$$

$$\beta_6 W \times \text{Fixl}_{it}+\beta_7 W \times \text{Hum}_{it}+\beta_8 W \times \text{Inv}_{it}+\mu_i+\nu_t+\tau_{it} \qquad （7-4）$$

其中，C为常数项；ρ和β为待估系数；W为空间权重矩阵，溢出效应的强弱受两个城市间地理距离、经济技术差距等因素的影响，这种差异通过分配不同的权重来量化；μ_i和ν_t为固定效应和随机效应；τ_{it}为误差项，取决于空间滞后误差项$W \times \tau_{it}$和随机误差项ε_{it}。

为了确定模型的具体形式，使用Stata15.0软件，首先进行了混合OLS回归，结果（见表7.3）表明，本书选取的解释变量对区域经济韧性有较高解释度，调整后R^2为0.872，由前文空间自相关检验可知，各变量存在空间自相关，混合OLS忽略了空间相互作用的影响，模型估计有偏。表7.3的第二、三、四列给出了个体、时间、个体和时间三种固定效应下的OLS模型同归结果，似然比LR个体固定效应和时间固定效应两个统计量的结果均在1%水平下显著，支持个体和时间双固定效应。拉格朗日乘数LMlag、LMerror及其稳健估计R-LMerror、R-LMlag的结果显著性很高，表示SDM模型比SLM和SEM更优。

表7.3　三种固定效应下OLS模型的估计结果

变量	混合OLS 模型	个体固定效应OLS模型	时间固定效应OLS模型	个体和时间双固定效应OLS 模型
Fixl	−0.275***	0.315***	0.286***	0.326**
	（−5.062）	（6.233）	（3.592）	（4.664）
Mull	0.634***	0.495***	0.378**	0.286**
	（4.569）	（7.684）	（2.183）	（2.429）
Hum	0.572***	0.662***	0.477*	0.274
	（6.339）	（5.734）	（2.113）	（0.702）
Inv	0.378***	0.694***	0.117*	0.341***
	（6.542）	（3.276）	（5.665）	（7.427）
调整后R^2	0.872	0.793	0.817	0.803
LMlag	266.641***	307.574***	199.517***	577.243***
LMerror	669.813***	442.667***	269.428***	147.968***
R–LMlag	584.147***	467.162***	167.378***	203.684***
R–LMlag	499.492***	553.181***	142.165***	78.749***
LR 个体固定效应	334.654***			
LR 时间固定效应	251.317***			

注："***""**"和"*"分别表示在1%、5%和10%的显著性水平下显著，括号内为t值。

Hausman检验结果（见表7.4）为128.672，在1%的显著性水平下拒绝选用随机效应的原假设，说明选择固定效应更优。Wald检验和LR检验都在1%的显著水平下拒绝了SDM模型可以退回SLM和SEM模型的原假设，SDM模型得到肯定，与前文检验结果一致。综上，本研究的最优拟合模型是个体和时间双固定效应空间杜宾模型。

表7.4 个体和时间固定效应和随机效应SDM 估计结果

变量	个体和时间固定效应SDM	个体和时间随机效应SDM
Fixl	0.352***	0.287**
	（4.568）	（2.656）
Mull	0.268***	0.290***
	（5.679）	（7.976）
Hum	0.114***	0.163***
	（8.879）	（9.853）
Inv	0.436***	0.277***
	（5.671）	（6.983）
$W \times$ Fixl	0.432***	0.082
	（7.622）	（0.347）
$W \times$ Mull	0.663*	0.437***
	（1.886）	（8.768）
$W \times$ Hum	−0.334*	−0.134**
	（−1.902）	（−2.514）
$W \times$ Inv	0.667***	0.618**
	（9.075）	（2.191）
调整后R^2	0.817	0.794
Wald_test（SLM）	39.817***	44.137***
LR_test（SLM）	50.835***	72.678***
Wald_test（SEM）	88.352***	98.3642***
LR_test（SEM）	44.356***	19.327***
Hausman_test	128.672***	

注："***" "**" 和 "*" 分别表示在1%、5%和10%的显著性水平下显著，括号内为t值。

7.4.4 模型估计结果与分析

基于SDM偏微分方法对溢出效应进行分解，来估计各解释变量对区域经济韧性的直接效应和溢出效应影响，结果见表7.5。

表7.5 解释变量对区域经济韧性的直接效应和溢出效应影响

解释变量	直接效应	溢出效应	总效应
产业多样化（Mull）	0.297**	−0.125	0.172
	（2.676）	（−0.632）	（1.063）
产业专业化（Fixl）	0.342***	0.487***	0.829***
	（4.569）	（6.765）	（5.603）
人力资本（Hum）	0.129***	−0.074	0.055
	（5.627）	（−0.604）	（1.113）
区域创新水平（Inv）	0.416***	0.405***	0.821***
	（7.631）	（5.215）	（8.054）

注：采用的估计软件为Stata15.0，"***""**"和"*"分别表示在1%、5%和10%的显著性水平下显著，括号内为t值。

根据表7.5的分解结果可知，在直接效应下，产业多样化的系数为0.297，在5%的水平下显著，溢出效应和总效应的系数分别为−0.125和0.172，均没有通过10%的显著性水平检验，表明东北三省发展产业结构的多样化并不能有效地提升经济韧性，因此否定了第一个假设。其中可能的原因是东北三省产业技术水平相对落后，从当前的产业体系来看，传统优势产业占据核心位置，产业结构失调，新兴产业发展缓慢，科技与经济发展融合度低，增长过度依靠投资拉动；同时在整个分工体系中既缺失高技术产业，也在传统基础加工行业中缺乏优势；总体自然资源缺乏优势，劳动力资源流失严重，传统优势产业增长乏力，在这些约束条件下，发展产业结构的多样化，即便丰富了临近区域的产业链，也只是由低端价值链所构成的产业多样化，在受到外部冲击时，这样的多样化的产业结构也不堪一击。同时，走大而全的产业布局路线只会进一步丧失东北的比较优势，造成中心城市抢占临近城市资源，不仅无法带动临近区域的创新活动及减少在经济下行期周边区域的失业率，更无法抵御冲击和带来可持续的经济增长。

在直接效应下，产业专业化的回归系数为0.342，在1%的水平下显著，溢出效应和总效应的回归系数均在1%的水平下显著，分别为0.487和0.829，可见产业多样化区域间溢出大于区域内溢出。这说明东北三省发展专业化的产业结构，能够更好地发挥自身竞争优势，优化资源配置，有利于相似的技术在区域内快速传播，扩大中间投入品和专业化服务的市场容量，从而带动周边城市提升生产效率及形成范围经济，因此支持了第二个假设。在当前东北地区传统产业占据核心位置、工业部门衰退严重，企业融资渠道不畅的情况下，集中少量高端人口，发展高技术含量、高附加值、高市场占有率的产品。对临近地区而言，通过区域内相关配套产业的建设，建立起更好的产业关联度，发展专业化的产业结构，走小而精的产业发展方向，通过具有竞争力的主导产业对临近城市的带动，能够更好地明确区域合作中的职能与分工，促进技术的快速传播，提升中间品的加工深度及专业化衍生服务的出现，不仅可以在外部冲击到来之际以抵御这些冲击的影响而保持增长态势不变，还可以在新的发展环境中快速调整为适应新环境的经济运行模式，修复被冲击的增长过程并实现更良性的增长。

直接效应下人力资本的回归系数为0.129，且在1%的水平下显著，但对周边城市经济韧性的溢出效应不显著且为负值。人力资本未能预期产生正向的溢出效应可能的原因是，一方面，现如今人力资本作为一项重要的生产要素，在人力资本的争夺上，城市间存在激烈的竞争关系，中心城市吸引人力资本单向涌入，导致周边地区人才匮乏，失去了技术创新能力，进而降低了经济韧性。另一方面，区域间缺乏人力资本间的沟通交流机制，使周边城市失去了学习隐性知识的通道，从而降低了周边城市的经济韧性。

区域创新水平直接效应、溢出效应和总效应均在1%的水平下显著，且均为正值，说明提高区域创新水平是提升区域经济韧性的有效途径。知识的溢出效应使本地和周边地区获得大量的隐性知识，并因此降低生产经营的成本，一个厂商的研发流动的受益点并不局限于厂商本身的范围，还扩散至周边的环境，以至于能提高其他厂商的创新能力，从而带动周边地区的区域创新水平提高。

7.5 数量分析结论

本章基于2009—2017年东北地区34个地级以上城市的面板数据，采用空间杜宾模型，测度产业多样化与产业专业化对区域经济韧性的空间溢出效应，对东北地区产业转型升级进行探索，研究发现：

产业多样化对本市的经济韧性起到了提升作用，但对周边城市的影响不显著。在新产业革命的背景下，东北地区的产业选择要从自身局限条件出发，在当前东北地区产业结构在整个分工体系中既缺失高技术产业还存在传统基础加工行业中缺乏优势、总体自然资源缺乏优势、劳动力资源流失严重、传统优势产业增长乏力等特殊性的约束条件下，发展产业结构的多样化、刻意追求大而全的产业布局路线只会进一步丧失东北的比较优势，造成中心城市抢占临近城市资源，无法实现中心城市和临近城市的联动机制，形成多极化的发展格局，反而会降低临近城市的经济韧性。

产业专业化对本市和临近城市的经济韧性都起到了提升的作用，能够更好地发挥自身竞争优势，优化资源配置，形成规模效应。中心城市应着力发展具有竞争优势的产业，通过区域内相关配套产业的建设，建立起更好的产业关联度，走少而精的产业发展方向，通过建设具有竞争力的主导产业带动临近地区的经济发展，明确区域合作中的职能与分工，提高区域经济韧性。

通过理论分析和实证检验，东北地区在产业选择与转型升级上应因地制宜，既不能忽略当前需求的变化、新产业革命、产业政策等具有普遍性的影响要素，又不能忽略当前东北地区产业体系、资源禀赋和企业构成等特殊性的影响要素。各省根据自身竞争力的优势、资源禀赋的优势，选择适应当前市场需求，在本区域构建存在技术支撑和产业关联度、符合当前新产业革命范畴的创新型高附加值产业。刻意追求产业结构的多样化，对区域经济系统在受到冲击后走向新的运行模式反而会起到阻碍效果。东北地区当前应集中力量发展主导产业，通过区域内相关的配套产业建设带动临近城市的发展。一方面，根据自身相关经验、人才（上头成本）可以兼用，在自身具有源技术的基础上，如汽车、石化、重型机械制造的基础上，同时抓住第四次产业革命的方向，向新产业转型。另一方面，根据东北地区自身资源禀赋的优势去发展新的主导产业，如充分利用土地肥沃、地势平坦、耕地集中连片的优势，在大规模机械化耕作的基础上，进行粮食的深加工处理，发展高端农业；根据当地盛产名贵中药材的优势，大力发展医药产业，以及生物制药产业基础的大健康产业；利用冬季时间长的局限，发展冰雪旅游、冰雪赛事相关的旅游业和体育产业，最终实现产业的转型升级。

第8章　全面提升东北地区经济韧性的对策

8.1　转换经济运行模式，推动产业转型升级

　　针对当前东北地区的不同的衰退差异，提升区域经济韧性应采用不同的思路和模式。对于那些经济运行模式在冲击后回到原来的增长状态并继续以原来的方式增长、具有抵抗力的城市，应采用转型的方式，使其超越从前的增长方式，如沈阳市、长春市等局部优势尚存、具有发展多样性的城市应采用转型的方式，新产业革命的出现也为产业转型提供了方向和技术支撑。由于传统产业在今后较长时间仍是东北工业的主体，在当前产能扩张空间已逐步消失的情况下，亟须用现代技术改进生产工艺，升级技术设备，将信息化深度融入产业，推动产业分工向专业化、精细化转型，从而提升生产效率和产品质量。产品的开发与产业的转型应紧跟市场需求，同时也要根据本区域的技术基础，向具有新产业革命支撑的高端创新产业转型，使区域走上新的经济运行模式，从而提升经济韧性。如吉林省以长春市为主要区域，辐射带动吉林市、四平市、辽源市、松原市等城市，可以选择以新能源汽车、交通机械制造和生物制药为核心的主导产业政策，辽宁省以沈阳市为主要区域，辐射带动鞍山市、抚顺市、本溪市、辽阳市等城市，可以选择以航空、航天器及设备制造业、高端精密器械和产业机器人等智能机械制造业为核心的主导产业政策，黑龙江省可以选择重型机械、航空装备等装备制造业为核心的主导产业政策。

　　而对于那些受到冲击后未能摆脱负向的外力、无法回到原来的经济运行模式、已经步入衰退的区域，则必须采用重构的方式，这些区域在东北

地区以资源型城市为主，如阜新市、伊春市、辽源市、白山市、盘锦市等城市，资源几乎完全枯竭，曾经以资源型产业为主的经济增长方式已经完全不可能再继续下去，否则将会不可避免地陷入"高消耗、高污染、低效率"的泥潭，未来几十年被锁定在代价高昂、不可持续的道路上。提升该地区经济韧性的根本出路是重新构建新的产业体系，而不是基于路径依赖对原来的产业修修补补，新产业革命的出现也为资源枯竭地区提供了方向和技术支撑，新能源、新材料产业的蓬勃发展，必将使煤炭、石油、钢铁等东北老工业基地赖以生存的主要产业退出或部分退出产业体系，高新技术的出现不仅可以弥补资源不足产生的重大影响，同时还能够创造更高的附加值，在相当程度上可以替代资源依赖而获得经济增长，避免从内部资源禀赋去寻求未来经济增长方式，而是着眼外部机遇，对于东北地区步入衰退且无法回到原来增长方式的区域必须推翻现有的封闭系统，全方位去接纳新产业、新技术，走向依靠技术创新、符合未来发展需求的增长方式。

8.2　重视人才作用，提升产业创新能力

东北地区技术创新能力不足的根本原因在于创新动力的缺失，在资源依赖型的发展环境下，企业对资源的需求远超过对技术创新的需求，而在当前资源环境的压力下，已经形成倒逼技术从而促进经济运行模式转换的客观条件。人才是创新的主体，创新驱动实质上是人才驱动，近年来东北地区人才流失严重，既有自然条件、薪酬待遇等硬件影响，也有就业环境、发展空间等软环境方面的影响。在市场制度下，人才必然会流向条件更加优越的区域，区域竞争力由产业的竞争力决定，产业的竞争力由产业之内的各个企业的竞争力决定，而企业又是由个人构成的，所以细究下去，一个区域的竞争力其实是取决于在这个城市里工作的人的竞争力，在当前应根据不同类型人才的特点，聚焦技术人才、科技创新人才、大学生人才和企业管理人才等，实施分类引导策略，为人才提供施展才华的事业

平台，重点盘活人才存量，同时以各项优惠政策积极吸引人才，在人才政策上加大倾斜力度，包括工资待遇、住房医疗、科研项目及职称评定等方面。在人力资本得到保障的同时，加大研发投入，实行激励科学发展和技术创新的政策，其中包括完善科技创新体制、发展风险投资、实施鼓励技术开发投入的财政税收政策、鼓励产学研结合、增加教育和科研投入，着力突破制约产业发展的关键技术领域，由技术的模仿学习阶段转向技术自立阶段，产业竞争力得到提升，人才自然就会更多进入，从而进一步使技术创新能力得到提升。在吸引人才的同时也要利用当前的人才存量促进创新成果转化，支持在东北地区的高校、科研院所、国家重点实验室和技术研究中心围绕信息网络、生物工程、新能源、新材料和大数据体系结构等领域开展科技攻关和科技创新，集中力量突破一批产业重大技术。更不能忽视对知识产权的保护，严格执行国家有关法律法规，完善知识产权快速维权与维权援助机制，将恶意侵权纳入社会信用体系。加大知识产权保护和监管力度，推进建立知识产权第三方评估体系，为专利转让、知识产权质押等创造公平环境，提升创新的动力。

8.3 突破体制固化，提升市场化水平

市场是以价格机制来配置资源的，以价格为竞争准则，配置到需要的人手中，无论是产品升级还是技术创新，关键都是要找到市场，即满足当前的需求。在市场竞争中，企业生产的产品不符合市场需求，导致亏损，亏损到一定程度选择破产来止损，这是市场竞争之下的结果，在这期间，政府需保护私有产权，做到维护市场的正常运行来组织生产即可，在市场充分竞争中优胜劣汰，企业的不断试错降低了这其中的信息费用，企业才能逐步看清需求的真正方向。政府作为市场外的第三方，在推动产业升级和新兴发展方面存在着巨大的信息费用约束，对于未来的发展方向，政府也并不知晓，然而并不是所有的高科技都是值得推进的，近年来光伏产业

的失败便已印证了这一点，政府主导的产业升级必然带来资源的浪费和投资的失误。价格机制准确地传达了市场对产品的选择，同时引领企业根据市场的需求去进行生产，近年来我国生产要素成本的提升，尤其是劳动力成本的提升使企业在市场竞争中不得不面临生产方式的转变，从另一个角度看，劳动力成本的提升同时也代表了人力资本水平的提升，因为随着收入的增多，人们会把收入的一部分投入自身知识水平的积累上，这也为企业开发高附加值的产品奠定了基础，在市场自由竞争的压力下，企业要想继续存活，必然会选择提升产品的附加值。从微观上看是企业竞争力的提升、产品附加值的提升，从中观上看则可视为产业的转型升级，从宏观上看则是经济增长方式的转变，小到产品，大到产业，能够长久不衰，并不仅仅取决于技术的高端，而在于是否满足个人与社会的需求，能否被市场所接受。其中，政府需要致力于创新环境，保护企业私有产权和合法权益，尽可能地降低企业的营商成本，支持企业在自由竞争中脱颖而出，从而形成产业链完整、有竞争力的新兴产业。而不是破坏市场的竞争机制，对于生产不符合需求的产品，市场自然会将其淘汰掉。对于产业政策的选择上，应以成功的企业为背景（即由市场选择出了一些优质企业），地方政府再因势利导，发展与该企业相关的产业政策与配套设施。

东北地区体制固化是影响经济增长的核心原因之一。一方面，地方政府必须改变以往只重视企业选择而忽视产业选择的倾向，政府是市场交易之外的第三方，在当前创新驱动发展阶段，政府已经没有信息优势，最需要的是促进有效的市场竞争，产业政策抑制竞争的负面效应将会成为经济运行模式转换的障碍。另一方面，无论是公有制还是非公有制，没有必要用差异化政策来保障实现哪一方占主导地位的问题，不仅会降低效率，还会扭曲市场机制，不同所有制所占比重应当是市场竞争的结果，所有制歧视问题在一定程度上遏制了东北民营企业的发展，国有企业和银行更倾向于体制内进行交易，割裂了市场。同时人才、技术、商品以及产权等生产要素流动也受到了所有制的阻碍，降低了经济效率。因此，在当前阶段政府与市场应各司其职，充分发挥市场在资源配置中的决定作用，政府则应致力于营造创新环境，保护企业私有产权，降低企业的营商成本，才能促进东北地区经济运行模式的转换。

8.4　打破行政界限，提升城市群协作水平

单独一个城市应对外部冲击的能力远不如一群城市的合力，当把区域的尺度加大时，抵御冲击产业的资源的区域范围得以增加，同时城市群能够使区域内部要素充分流动，实现资源和要素在城市体系内的优化配置，取得更强的集聚经济效应和知识溢出效应，有助于经济运行模式的转换。东北地区目前正在建设两个区域性城市群，分别是哈长城市群和辽中城市群，存在着核心城市辐射能力不足、产业互补性差、核心城市带动能力不强及行政分割制约等问题。因此，提高城市群的协作水平进而提升区域经济韧性需要通过对城市群科学的规划，将城市群内的城市由从前无序的竞争关系转变为有序的竞争与和合作的关系。

在产业布局方面，根据各区域比较优势和制约因素，置身于更大范围的区域劳动分工之中，找准各自的产业定位、功能定位以及发展阶段定位，打破跨区域之间的行政界限，从而延伸产业链，加快产业集群建设，打造现代化的产业体系，其中涵盖城市群的绿色交通产业体系、现代化工产业体系、大健康产业体系、大农业产业体系、大旅游产业体系和智能生产产业体系，形成区域间合理分工、优势互补、协调发展、利益共赢的一体化产业发展与布局。在基础设施建设方面，需要与城市的空间结构协调发展，构建满足城市群整体发展需求的基础设施网络体系，如推进以哈尔滨市、长春市、沈阳市、大连市为核心的高速铁路及区域连线建设问题，重点建设、改造繁忙干线，构建综合交通运输网络。在城市群的市场建设方面，应遵循产业及消费的区域性需求，构建多层级的区域市场网络，打破区域市场壁垒，形成生产要素和内外商品自由流动的一体化市场机制。在环境保护与生态建设方面，立足于环境友好型、资源节约型的城市群绿

色产业体系的构建，实施生态保护工程，如构建哈长城市群东北—西南走向的生态屏障，深化辽河等重点水域的水污染防治，建设辽河生态廊道，加强近岸海域的环境保护；城市群间建立大气污染联控联防机制，加强对工业、城镇生活、农业等各类污染源的综合治理力度，同时对工业废气等污染气体实行协同控制，确保合理达标排放。在区域统筹协调方面，统一制定区域产业联动发展战略，完善基础设施一体化建设，推动区域之间项目合作，建立协作协同发展机制，逐步统一城市群内的相关政策，实现政策对接，促进城市群空间整合。

第9章　研究结论与展望

9.1　研究结论

本书在系统梳理了相关理论及研究的基础上，将区域经济韧性的概念界定为区域经济系统应对外来冲击以维持或改善原有经济运行模式的能力，并归纳了区域经济韧性的构成要素、不同类型、在外部冲击下的运行机理及强化路径，较为系统地构建了区域经济韧性的理论框架，同时对东北地区经济韧性的演进与现状进行分析。其次，以东北地区为研究单元，构建区域经济韧性综合评价体系，全面、系统地对区域经济韧性进行测度，明确东北地区经济韧性总体状况与空间分布格局，探讨不同规模、类型、经济增长速度的城市经济韧性所具有的特征。再次，通过建立计量模型进行检验，分别对总体样本、分区域样本、不同规模、不同类型城市样本区域经济韧性的影响因素进行定量分析与定性解释。最后，在区域经济韧性的研究视角下，采用空间计量模型，结合东北地区产业影响要素的普遍性和特殊性，对东北地区产业转型升级进行了探讨。主要得出以下研究结论：

第一，国内外有关区域经济韧性的研究依然属于一个新兴概念，主要研究涉及定义、指标测度、影响因素及经济萧条区域的复苏。当前研究仅在区域经济韧性的定义上有所进展，但也无定论。有的关注经济增长的稳定，有的则强调经济增长的转型，各经济学者之间就区域经济韧性的交流并非基于同一概念和同一指标，从而导致相关研究的混乱。

第二，改革开放以来，东北地区主要经历了三次外部冲击，通过三次冲击，表现出来的经济韧性基本上属于脆弱型，在许多政策指向下通常是向复原型经济韧性转变，主要表现为经济增长失速、资源型城市枯竭、创新型产业缺失、市场环境恶化，以及城市群发展缓慢。

第三，东北地区经济韧性的主要构成要素存在以下问题：在产业层面体现为产业体系陈旧和制度约束固化；在创新层面主要体现为高技术产业规模较小，发展速度缓慢；在空间体系层面体现为区域发展不均衡、中心城市带动力差；同时还存在政策效果不理想、外向型经济发展滞后等问题。

第四，数量分析表明，东北三省经济韧性近年来基本处于下降趋势，较低经济韧性和中等经济韧性的城市所占比例迅速增长，呈"集聚化"分布，较强经济韧性城市所占比例骤减，其中技术指数和产业指数偏低，社会指数相对较高。同时还存在资源型城市经济韧性较低，区域中心城市经济韧性较高，城市规模、经济增长速度与经济韧性呈正相关的特征。

第五，计量分析表明，当前东北三省提高产业集聚程度、区域创新水平和空间品质有助于经济韧性的提升，对外开放度的提高反而会降低经济韧性。通过对东北地区产业升级与经济韧性溢出效应的分析，推导出东北地区当前应选择符合当前市场发展需求的产业来构建产业体系，建立专业化的产业结构，追求少而精的产业布局，集中力量发展主导产业，并辅以相关的配套产业，建设带动区域经济的发展。通过具有竞争力的主导产业对临近城市的带动，能够更好地明确区域合作中的职能与分工，促进技术的快速传播，提升中间品的加工深度及专业化衍生服务的出现，不仅可以在外部冲击到来之际抵御这些冲击的影响而保持增长态势不变，还可以在新的发展环境中快速调整为适应新环境的经济运行模式，修复被冲击的增长过程并实现更良性的增长。

第六，根据以上分析，提出了全面提升东北地区经济韧性的对策，在产业技术层面，提升产业创新能力，从而推动产业转型升级；在产业空间层面，打破行政界限，提高城市群协作水平；在社会系统层面，重视人才作用，提升技术创新能力，政府与市场各司其职，充分发挥市场在资源配置中的决定作用，政府则应致力于营造创新环境，保护企业私有产权，降低企业的营商成本。

9.2 研究展望

区域经济韧性作为区域经济学领域的一个新兴概念，本书将其定义为区域经济系统应对外来冲击以维持或改善原有经济运行模式的能力，分为抵抗力和重构力两种形态。当前区域经济系统对外部冲击的抵抗力基本达到共识，但对恢复并突破原有状态的重构力有些学者并不认同，基于不同的理解与不同的指标构建，在学术交流时常常产生歧义，因此在下一步的研究中，将进一步深化抵抗力和重构力的辩证关系，丰富区域经济韧性的内涵。

本书在构建区域经济韧性指标体系的过程中，基于供给系统和社会系统构建了区域经济韧性综合评价指标体系，但是受数据获取等原因影响，指标体系构建依旧不够完善，如何进一步完善指标体系、提高测度的合理性与准确性，以及对全国其他地区经济韧性的测度是下一步研究的方向。

当前席卷全球的新型冠状病毒肺炎疫情对区域经济造成了巨大冲击，从区域经济韧性的视角探讨应对公共卫生事件对区域经济系统的冲击与修复，拓展区域经济韧性的应用领域，是未来值得深入研究的课题。

参考文献

A. 普通图书

Holling, Gunderson, Ludwig, 2002. Panarchy: Understanding Transformations in Human and Natural Systems [M]. Washington D C: Island Press: 25-62.

Berkes F, Colding J, Carl F, 2003. Navigating Social-ecological Systems: Building Resilience for Complexity and Change [M]. Cambridge: Cambridge University Press: 416.

Adam Smith, 2008. An Inquiry into the Nature and Causes of the Wealth of Nations [M]. Germany: Management Laboratory Press: 6-14.

McInroy N, Longlands S, 2010. Productive local economies: creating resilient places [M]. Manchester: CLES-Centre for Local Economic Strategies: 17.

Cox E, Broadbridge A, Raikes L. Building Economic Resilience?: An Analysis of Local Enterprise Partnerships' Plans [M] IPPR North: 24-40.

D Bell, 1973. The Coming of Post-Industrial Society [M]. New York: Basic Books.

Polèse M, 2010. The resilient city: On the determinants of successful urban economies [M]. Cities and Economic Change. London: Forthcoming Press.

Jacobs J, 1969. The Economy of Cities [M]. New York: Vintage.

大卫·李嘉图, 2005. 政治经济学及税赋原理 [M]. 北京: 高等教育出版社: 77-90.

李向平，王希文，陈萍，等，2008. 通向复兴之路：东北老工业基地振兴政策研究［M］. 北京：社会科学文献出版社：29-35.

李小建，2006. 经济地理学（第二版）［M］. 北京：高等教育出版社：180-181，183-201，183-201，208-209.

鲁迪格·多恩布什，2017. 宏观经济学（第十二版）［M］. 北京：中国人民大学出版社：42-74，158-164.

亚当·斯密，1979. 国民财富的性质和原因的研究［M］. 北京：商务印书馆：28.

李左东，2003. 国际贸易理论、政策与实务［M］. 北京：高等教育出版社：18.

俄林，2008. 区际贸易与国际贸易［M］. 北京：华夏出版社：6-23.

李俊慧，2015. 贸易的真相——重塑国际贸易常识十讲［M］. 北京：中信出版社：133-138.

迈克尔·波特，2002. 国家竞争优势［M］. 李明轩，邱如美译，北京：华夏出版社：55.

费农，1986. 产品生命周期理论［M］. 北京：商务印书馆：34

陈宪，2004. 国际贸易理论［M］. 北京：高等教育出版社：98.

赤松要，1986. 我国经济发展的综合原理［M］. 北京：商务印书出版社：55.

张平，2005. 中国区域产业结构演进与优化［M］. 武汉：武汉大学出版社：16.

孙翠兰，2015. 区域经济学教程［M］. 北京：北京大学出版社：115-116.

钱纳里，1986. 工业化和经济增长的比较研究［M］. 上海：上海三联出版社：526.

骆正山，2007. 信息经济学［M］. 北京：机械工业出版社.

赵儒煜，1999. 后工业社会反论［M］. 长春：吉林人民出版社：10.

约翰·冯·杜能，1986. 孤立国同农业和国民经济的关系［M］. 北京：商务印书馆：345.

阿尔弗雷德·韦伯，1997. 工业区位论［M］. 北京：商务印书馆：228.

沃尔特·克里斯塔勒, 2011. 德国南部中心地原理 [M]. 北京: 商务印书馆.

廖什, 2010. 经济空间秩序 [M]. 北京: 商务印书馆.

马歇尔, 1983. 经济学原理 [M]. 北京: 商务印书馆: 280-283.

迈克尔·波特, 2002. 国家竞争优势 [M]. 北京: 华夏出版社: 139-142.

郭鸿懋, 江曼琦, 陆军, 2002. 城市空间经济学 [M]. 北京: 经济科学出版社: 22.

卡佩罗, 2014. 区域经济学 [M]. 北京: 经济管理出版社.

杨小凯、黄有光, 1999. 专业化与经济组织 [M]. 北京: 经济科学出版社.

赵儒煜, 2017. 智人时代 预期支配的市场原理 [M]. 长春: 吉林大学出版社: 4, 16.

乌尔里希·森德勒, 2015. 无边际的新工业革命 [M]. 北京: 中信出版社. 19

奚洁人, 2007. 科学发展观百科辞典 [M]. 上海: 上海辞书出版社.

刘亮, 2012. 区域创新、创业与经济增长 [M]. 上海: 复旦大学出版社.

衣保中, 富燕妮, 赵儒煜, 等, 2000. 中国东北区域经济 [M]. 长春: 吉林大学出版社: 152.

刘力, 苗雅杰. 中国东北部分经济型资源供给情况分析 [M]. 复印资料

张新颖, 常樵, 张卓民, 等. 2006年: 中国东北地区发展报告 [M]. 北京: 社会科学文献出版社.

李虹, 2016. 中国资源型城市转型指数 [M]. 北京: 商务印书馆: 19-25.

张五常, 2011. 经济解释卷二: 收入与成本 [M]. 北京: 中信出版社: 169-198.

李俊慧, 2016. 经济学讲义 [M]. 北京: 中信出版社: 217-236.

B. 期刊文献

Holling, 1973. Resilience and stability of ecological systems [J]. Annual Review of Ecological Systematics, 4(1): 1-23.

McDaniels T, et al, 2008. Fostering resilience to extreme events within infrastructure systems: Characterizing decision contexts for mitigation and adaptation [J]. Global Environmental Change, 18(2): 310-318.

Paton T R, 1979. The formation of soil material [J]. Geography, 64 (3): 239-240.

Graham A, 1999. Tobin. Sustainability and community resilience: the holy grail of hazards planning? [J] Global Environmental Change Part B: Environmental Hazards, 1 (01): 13-25.

Carl F, 2006. Resilience: The emergence of a perspective for social-ecological systems analyses [J]. Global Environmental Change, (16): 253-267.

Campbell F C, 2008. Elements of Metallurgy and Engineering Alloys [J]. ASM International.

Mccarthy I P, Collard M, Johnson M, 2017. Adaptive organizational resilience: an evolutionary perspective [J]. Current Opinion in Environmental Sustainability (28): 33-40.

Graham, Bryan, Jonathan, 2006. Rich Nations, Poor Nations: How much can multiple equilibria explain? [J]. Journal of Economic Growth, 11 (1): 5-41.

Fingleton B, Garretsen H, Martin R, 2012. Recessionary shocks and regional employment: Evidence on the resilience of U. K. regions [J]. Journal of Regional Science, 52 (1): 109-133.

Christopherson S, Michie J, Tyler P, 2010. Regional resilience: Theoretical and empirical perspectives [J]. Cambridge Journal of Regions, Economy and Society, 3 (1): 3-10.

Edward Hill, 2018. Economic Shocks and Regional Economic Resilience [J]. Urban and Regional Policy and Its Effects, (4): 23-35.

Martin R, 2012. Regional economic resilience, hysteresis and recessionary shocks [J]. Journal of Economic Geography, 12 (1): 1-32.

Martin R, Sunley P, 2006. Path dependence and regional economic evolution [J]. Journal of Economic Geography, 6 (4): 395-437.

Martin R, Sunley P, 2015. On the notion of regional economic resilience: conceptualisation and explanation [J]. Journal of Economic Geography, 15 (1):

1-42.

Martin R, 2010. Roepke lecture in economic geography: Rethinking regional path dependence: Beyond lock-in to evolution[J]. Economic Geography, 86(1): 1-27.

Carpenter S R, Westley F, Turner M G, 2005. Surrogates for Resilience of Social–Ecological Systems[J]. Ecosystems, 8(8): 941-944.

Simmie J, Martin R, 2010. The economic resilience of regions: Towards an evolutionary approach[J]. Cambridge Journal of Regions, Economy and Society, 3(1): 27-43.

Cellini R, Torrisi G, 2014. Regional Resilience in Italy: A Very Long Run Analysis[J]. Regional Studies, 48(11): 1779-1796.

Hu X, Hassink R, 2017. Exploring adaptation and adaptability in uneven economic resilience: A tale of two Chinese mining regions[J]. Cambridge Journal of Regions, Economy and Society, 10(3): 527-541.

Reggiani A, Graaff T D, Nijkamp P, 2002. Resilience: An Evolutionary Approach to Spatial Economic Systems[J]. Networks and Spatial Economics, 2 (2): 211-229.

Rose A, 2004. Defining and measuring economic resilience to disasters. Disaster Prevention and Management[J]. 13(5): 307-314.

Foster K A, 2007. A Case Study Approach to Understanding Regional Resilience[J]. university of California.

James S, Ron M, 2009. The economic resilience of regions: towards an evolutionary approach[J]. Cambridge Journal of Regions, Economy and Society, (1): 27-43.

Ernstson H, Leeuw S, Redman C L, 2010. Urban Transitions: On Urban Resilience and Human-Dominated Ecosystems[J]. Ambio, 39(8): 531-545.

Hudson R, 2010. Resilient regions in an uncertain word: Wishful thinking or practical reality? [J]. Cambridge Journal of Regions, 3(1): 11-26.

Martin R, 2012. Regional economic resilience, hysteresis and recessionary shocks [J]. Journal of Economic Geography, 1 (12): 1-32.

Pendall R, Foster K A, Cowell M, 2008. Resilience and regions: Building understanding of the metaphor [J]. Cambridge Journal of Regions, Economy and Society, 3 (1): 71-84.

Webber D J, Healy A, Bristow G, 2018. Regional growth paths and resilience: a European analysis [J]. Journal of Economic Geography, 94 (4): 355-375.

Martin R, Sunley P, 2010. The place of path dependence in an evolutionary perspective on the economic landscape [J]. Handbook of Evolutionary Economic Geography: 62-92.

Pike A, Dawley S, Tomaney J, 2010. Resilience, adaptation and adaptability [J]. Cambridge Journal of Regions, Economy and Society, 3 (1): 59-70.

Shaw K, Maythorne L, 2013. Managing for local resilience: Towards a strategic approach [J]. Public Policy and Administration, 28 (1): 43-65.

Boschma R, 2015. Towards an evolutionary perspective on regional resilience [J]. Regional Studies, 49 (5): 733-751.

Swanstrom T, 2008. Regional resilience: a critical examination of the ecological framework [J]. Institute of Urban & Regional Development: 1-33.

Hassink R, 2009. Limits to Locking-out through Restructuring: The Textile Industry in Daegu, South Korea [J]. Regional Studies, 43 (9): 1183-1198.

Martin R, Sunley P, Gardiner B, et al, 2016. How regions react to recessions: Resilience and the role of economic structure [J]. Regional Studies, 50 (4): 561-585.

Davies S, 2011. Regional resilience in the 2008-2010 downturn: comparative evidence from European countries [J]. Cambridge Journal of Regions, 4 (3): 369-382.

Goodman J C, 2011. Edward Glaeser, Triumph of the City: How Our Greatest Invention Makes Us Richer, Smarter, Greener, Healthier, and Happier [J]. Business Economics, 46(3): 185-186.

Whitley, 2000. The Institutional Structuring of Innovation Strategies: Business Systems, Firm Types and Patterns of Technical Change in Different Market Economies [J]. Organization Studies, 21(5): 855-886.

Williams N, Vorley T, Ketikidis P H, 2013. Economic resilience and entrepreneurship: A case study of the Thessaloniki City Region[J]. Local Economy, 28(4): 399-415.

Huggins Thompson, 2015. Local entrepreneurial resilience and culture: the role of social values in fostering economic recovery[J]. Cambridge Journal of Regions, 8(2): 313-330.

Han Y, Goetz S J, 2015. The economic resilience of U. S. counties during the great recession [J]. Review of Regional Studies, 45(1): 131-149.

Brakman S, Garretsen H, Van Marrewijk C, 2015. Regional resilience across Europe: on urbanization and the initial impact of the Great Recession [J]. Cambridge Journal of Regions, Economy and Society, 8(2): 309-312.

Sensier M, Bristow G, Healy A, 2016. Measuring Regional Economic Resilience across Europe: Operationalizing a complex concept[J]. Spatial Economic Analysis, 11(2): 128-151.

Alessandra Faggian, 2018. Regional economic resilience: the experience of the Italian local labor systems [J]. The Annals of Regional Science, 60(2): 393–410.

Van Bergeijk, Brakman S, Van Marrewijk C, 2017. Heterogeneous economic resilience and the great recession's world trade collapse [J]. Papers in Regional Science, 96(1): 3-12.

Briguglio L, Cordina G, Farrugia N, 2006. Conceptualizing and measuring economic resilience [J]. Building the Economic Resilience of Small States: 265-

288.

Crespo J, Suire R, Vicente J, 2014. Lock-in or lock-out: How structural properties of knowledge networks affect regional resilience[J]. Journal of Economic Geography, 14(1): 199-219.

Paolo Rizzi, Paola Graziano, Antonio Dallara, 2018. A capacity approach to territorial resilience: the case of European regions[J]. The Annals of Regional Science, 60(2): 285-328.

Pendall R, Theodos B, Franks K, 2012. Vulnerable people, precarious housing, and regional resilience: an exploratory analysis[J]. Housing Policy Debate, 22(2): 271-296.

Holm J R, 2015. Regional employment growth, shocks and regional industrial resilience: a quantitative analysis of the Danish ICT sector[J]. Regional Studies, 49(1): 95-112.

Perroux F, 1950. Economic Space: Theory and Applications[J]. Quarterly Journal of Economics, 64(1): 89-104.

Myrdal G, Frankel S H, Philips P A M V, 1958. Economic Theory and Under-Developed Regions[J]. International Affairs, 34(3): 361.

Martin R, Sunley P, Tyler P, 2015. Local growth evolutions: recession, resilience and recovery[J]. Cambridge Journal of Regions, Economy and Society, 8(2): 141-148.

Brown L, Greenbaum R T, 2017. The role of industrial diversity in economic resilience: An empirical examination across 35 years[J]. Urban Studies, 54(6): 1347-1366.

Xu Y, Warner M E, 2015. Understanding employment growth in the recession: the geographic diversity of state rescaling[J]. Cambridge Journal of Regions, Economy and Society, 8(2): 359.

Todo Y, Nakajima K, Matous P, 2015. How do supply chain networks affect the resilience of firms to natural disasters? Evidence from the Great East

Japan Earthquake [J]. Journal of Regional Science, 55 (2) : 209-229.

Cuadradoroura J R, Maroto A, 2016. Unbalanced regional resilience to the economic crisis in Spain: a tale of specialization and productivity [J]. Cambridge Journal of Regions, Economy and Society, 9 (1) : 153 - 178.

Nakamura R, 1985. Agglomeration economies in urban manufacturing industries: A case of Japanese cities [J]. Journal of Urban Economics, 17 (1) : 108-124.

Shang Qing-yan, Poon J P H, Yue Qing-tang, 2012. The role of regional knowledge spillovers on China's innovation [J]. China Economic Review, 23 (4) : 1164-1175.

蔡增正, 2001. 从马尔萨斯人口理论到现代人口理论的转变 [J]. 深圳大学学报 (人文社会科学版) (03) : 40-45.

曾冰, 张艳, 2018. 区域经济韧性概念内涵及其研究进展评述 [J]. 经济问题探索 (1) : 176-182.

廖敬文, 张可云, 2019. 东北老工业基地经济复原力: 一个四维分析框架与实证研究 [J]. 改革, 299 (01) : 64-76.

李连刚, 张平宇, 谭俊涛, 等, 2019. 韧性概念演变与区域经济韧性研究进展 [J]. 人文地理, 34 (02) : 7-13.

曾冰, 2018. 金融危机背景下我国省域经济韧性的影响因素研究 [J]. 金融理论与教学, (04) : 84-88.

胡晓辉, 2012. 区域经济弹性研究述评及未来展望 [J]. 外国经济与管理 (08) : 66-74.

彭翀, 袁敏航, 顾朝林, 等, 2015. 区域弹性的理论与实践研究进展 [J]. 城市规划学刊, (01) : 90-98.

苏杭, 2015. 经济韧性问题研究进展 [J]. 经济学动态 (8) : 144-151.

徐媛媛, 王琛, 2017. 金融危机背景下区域经济弹性的影响因素——以浙江省和江苏省为例 [J]. 地理科学进展 (8) : 986-994

陈梦远, 2017. 国际区域经济韧性研究进展——基于演化论的理论分析框架介绍[J]. 地理科学进展（11）：117-126.

逯苗苗, 孙涛, 2018. 区域经济韧性及其影响因素研究新进展[J]. 制度经济学研究, （3）：196-218.

陈作任, 李郇, 2018. 经济韧性视角下城镇产业演化的路径依赖与路径创造——基于东莞市樟木头、常平镇的对比分析[J]. 人文地理, （4）：113-120.

胡晓辉, 张文忠, 2018. 制度演化与区域经济弹性—两个资源枯竭型城市的比较[J]. 地理研究, 37（7）：60-61.

徐圆, 张林玲, 2019. 中国城市的经济韧性及由来：产业结构多样化视角[J]. 财贸经济, 40（07）：110-126.

郭将, 许泽庆, 2019. 产业相关多样性对区域经济韧性的影响——地区创新水平的门槛效应[J]. 科技进步与对策, （13）：39-47.

李长春, 蒋和胜, 朱沙, 2012. 关于魁奈宏观经济学理论的研究[J]. 经济问题, （04）：4-9.

魏后凯, 2008. 东北振兴政策的效果评价及调整思路[J]. 社会科学辑刊, （1）：60-66.

姜四清, 王姣娥, 金凤君, 2010. 全面推进东北地区等老工业基地振兴的战略思路研究[J]. 经济地理, （4）：558-562.

杨东亮, 2011. 东北振兴政策实践效果评价与政策启示——基于全要素生产率增长的全国比较[J]. 东北亚论坛, （5）：99-108.

盛广耀, 2013. 东北地区振兴战略实施效果评析[J]. 社会科学辑刊, （2）：94-101.

杨东亮, 赵振全, 2015. 东北经济失速的投资性根源[J]. 东北亚论坛, （5）：94-107.

赵儒煜, 王媛玉, 2017. 东北经济频发衰退的原因探析——从"产业缺位"到"体制固化"的嬗变[J]. 社会科学战线, 2017（2）；新华文摘（10）：49-54.

李诚固, 李振泉, 1996. "东北现象"特征及形成因素[J]. 经济地理, （1）：34-38.

高相铎, 李诚固, 2006. 东北老工业基地区域产业协调的机制与对策研究

[J].东北亚论坛,(1):43-47

赵昌文,2015.对"新东北现象"的认识与东北增长新动力培育研究[J].经济纵横,(07):7-10.

刘保奎,李爱民,2017.促进东北地区新一轮振兴的空间发展策略[J].经济纵横,(04):77-85.

周宏春,2017."东北现象"与振兴之策[J].经济纵横,(01):13-19.

张可云,2017.论老工业基地的内部"缺新"与外部"有新"——成因、适用理论与振兴新思路 [J].社会科学辑刊,(11):21-29.

孙久文,孙翔宇,2017.区域经济韧性研究进展和在中国应用的探索[J].经济地理,37(10):2-9.

关皓明,张平宇,刘文新,等,2018.基于演化弹性理论的中国老工业城市经济转型过程比较[J].地理学报,(04):771-783.

廖敬文,张可云,2019.区域经济复原力:国外研究及对中国老工业基地振兴的启示[J].经济学家,(08):48-61.

张岩,戚巍,魏玖长,2012.经济发展方式转变与区域弹性构建—基于DEA理论的评估方法研究[J].中国科技论坛,(1):81-88.

符文颖,李郇,2013.后危机时代的区域弹性与集群转型—基于珠江三角洲东西两岸电子企业的对比分析[J].南方经济,(02):67-77.

关皓明,张平宇,刘文新,等,2018.基于演化弹性理论的中国老工业城市经济转型过程比较[J].地理学报,(4):771-783.

赵儒煜,范家辉,陈强,2018.论东北老工业基地产业转型升级—兼及吉林省的选择与对策研究[J].东北亚经济研究,(02):74-91.

赵儒煜,肖茜文,2019.东北地区现代产业体系建设与全面振兴[J].经济纵横,(09):30-46.

陈清泰,2010.新兴产业驱动经济发展方式转变[J].前线,(07):49-52.

赵儒煜,陈强,王嫒玉,2018.从产业发展看东北经济复兴的历史必然性与路径选择[J].商业研究,(05):1-11.

赵儒煜,肖茜文,2019.东北地区现代产业体系建设与全面振兴[J].经济纵横，(09)：30-46.

宋冬林，2004. 关于东北老工业基地调整改造的主要问题和思路[J]. 吉林大学社会科学学报，(1)：5-13.

姜玉，刘鸿雁，庄亚儿，2016. 东北地区流动人口特征研究[J]. 人口学刊，(6)：37-45.

陈才，杨晓慧，2004. 东北地区的产业空间结构与综合布局[J]. 东北师大学报(哲学)，(3)：5-13.

杜栋，顾继光，2014. 城市经济转型测度框架和评价体系研究[J]. 发展研究，福建，(1)：74-77.

张辉斌，李雪，2017. 稳中有升稳中提质——2016年黑龙江省宏观经济形势分析[J]. 统计与咨询，(2)：2-5.

于斌斌，2015. 产业结构调整与生产率提升的经济增长效应[J]. 中国工业经济，(12)：83-98.

干春晖，郑若谷，余典范，2011. 中国产业结构变迁对经济增长和波动的影响[J]. 经济研究，(5)：4-16.

王琛，郭一琼，2018. 地方产业抵御经济危机的弹性影响因素—以电子信息产业为例[J]. 地理研究，(7)：1297-1305.

胡树光，2019. 区域经济韧性：支持产业结构多样性的新思想[J]. 区域经济评论，(1)：143-149.

赵儒煜，2018. 论东北地区产业选择的普遍性与特殊性[J]. 社会科学辑刊，(1)：55-66.

樊卓福，2007. 地区专业化的度量[J]. 经济研究，(9)：71-83.

C. 学位论文

谭俊涛，2017. 基于演化弹性理论的东北地区资源型城市转型研究[D]. 长春：中国科学院大学(中国科学院东北地理与农业生态研究所).

秦可德，2014. 空间溢出、吸收能力与 我国区域新兴产业发展[D]. 上海：华东师范大学.

刘丹，2015. 弹性城市的规划理念与方法研究[D]. 杭州：浙江大学.

张炜熙, 2006. 区域发展脆弱性研究与评估 [D]. 天津: 天津大学.

苏晶蕾, 2018. 生产性服务业集聚对我国制造业升级的影响研究 [D]. 长春: 东北师范大学.

D. 论文集

张平宇, 2015. "新东北现象"之我见 [C]. 2015年中国地理学会经济地理专业委员会学术研讨会论文摘要集.

王胜今, 吴昊, 2003. 东北老工业基地振兴之路: 推进"再工业化" [C]. "深化国有企业改革, 振兴东北老工业基地"国有经济长春论坛文集.

E. 科研报告

Hill E W, Wial H, Wolman H. Exploring regional economic resilience [R]. Working Paper 2008-04. Berkeley: CA: University of California.

F. 网上电子公告

2019. 第四次工业革命 [EB/OL]. https: //baike. baidu. com/item/第四次工业革命/2983084?fr=aladdin.